I MACCHIAIOLI

SOMMARIO

Raffaele Monti

In copertina:
Silvestro Lega,
*Ritratto di Eleonora
Tommasi* (1885 ca.)

**Alla pagina
precedente:**
Silvestro Lega,
Curiosità (1870 ca.).

Qui a fianco:
Giovanni Fattori,
*L'assalto alla Madonna
della Scoperta* (1868).
Livorno,
Museo civico Fattori.

Antonio Puccinelli, *Ritratto di Nerina Badioli*. Roma, Galleria Nazionale d'Arte Moderna.

L'artista pisano, dopo aver studiato all'Accademia fiorentina, frequentò a Roma lo studio di Minardi. Fin dal 1852 dipinse la vita quotidiana con un verismo che può considerarsi anticipatore del macchiaiolismo. Questo ritratto fu dipinto intorno al 1866: modella fu infatti una parente di Adelaide Badioli, seconda moglie dell'artista, sposata nel 1865.

L A CRISI

della civiltà figurativa italiana a metà dell'Ottocento è problema ben noto. Resta infatti ancora evidente lo scompenso tra la perdita di valori in quello che era stato per secoli il patrimonio culturale più ricco e fertile della nostra civiltà e la vitalità che nello stesso Ottocento dimostrano da noi la tradizione letteraria (capace di rinnovamento ed esiti eccezionali) e soprattutto quella musicale, che resterà per tutto il secolo punto di riferimento indiscusso, anche se spesso polemicamente contraddetto, per l'Europa intera.

Nei giovani artisti attivi intorno al 1850, si avvertiva in forma singolare il disagio che identificava gli spiriti di ribellione sociale e politica — e di conseguenza il fervido e sofferto sogno unitario nazionale — con un'attiva volontà di riforma in senso "europeo" dei generi pittorici affermati; in particolare, di quel romanticismo storico a cui ormai quasi tutti i più evoluti tra loro avevano aderito.

Anno cruciale di questi eventi rinnovatori fu il 1856. In tale anno, a Firenze, i giovani frequentatori del Caffè Michelangiolo in via Larga, punto di ritrovo degli artisti della vicina Accademia, avvertirono con maggior nettezza la necessità di confrontare il loro operato con ciò che andava accadendo in ambito europeo, e soprattutto con quanto di più aggiornato si faceva in quel momento in Francia.

In quell'anno, inoltre, il principe Anatoli Demidoff aveva aperto al pubblico le sue celebri raccolte conservate nella villa medicea di Pratolino, che fra l'altro testimoniavano la grande raffinatezza e l'aggiornamento del suo operato di collezionista. Nella collezione erano presenti i massimi artisti contemporanei di Francia: da Ingres a Corot, a Delacroix, fino ai maggiori paesisti di Barbizon, a Decamps, e a quel Delaroche che per gli artisti (e non solo per quelli fiorentini) appariva allora il vero «rammodernatore» della pittura storica.

Nello stesso 1856 erano giunti a Firenze due napoletani: Domenico Morelli e Saverio Altamura. Morelli, fra tutti i giovani pittori italiani emergenti, era certo il più direttamente informato sugli eventi europei, avendo viaggiato in Germania, Francia, Inghilterra e Belgio. La sua natura fervida, entusiasta, comunicativa, sostenuta da un modo di far pittura di «colorito nuovo,

Gruppo di artisti
a Firenze nel 1856
circa.

brillante, argentino, il tono buttato giù con scioltezza meridionale, il chiaroscuro potente...» come scriverà Diego Martelli, era inoltre dotata di uno straordinario proselitismo e di una spiccata volontà di riforma pittorica "nazionale", che sentiva di poter esercitare apertamente nella "evoluta" Firenze molto più che nella sua città d'origine, che pure in quegli anni era ricca di nuovi fervori pittorici.

Giunto dunque in Toscana con il collega e compatriota Bernardo Celentano, vi si trattenne periodicamente, esponendo nel 1861 *Gli iconoclasti*, opera che aveva avuto straordinario successo già nel 1855 a Napoli e che a Firenze «fece fanatismo». Il soggetto storico secondo l'esempio di Delaroche, calato in una sorta di "presa diretta" carica di sentimenti attivi, definita da un dipingere saldo di contrasti luce-ombra e di forti partiture narrative, appariva ricercato sui metri di una sensibilità assolutamente contemporanea, a cui Morelli aggiungeva una scioltezza di pennellata e di effetti materici e di risalti luminosi di nobilissima origine secentesca napoletana.

A questa particolare riforma morelliana del quadro storico si aggiunse l'interesse che un altro napoletano esule, Saverio Altamura, giunto da una visita all'Esposizione nazionale di Parigi, stava suscitando nei giovani fiorentini per la novità tecnica della più aggiornata pittura francese: il "ton gris", cioè quel particolar modo di ritrarre il vero di natura riflettendolo sopra uno specchio nero che ne filtrava nettamente i contrasti di chiaro e di scuro.

Un terzo pittore, Serafino De Tivoli, livornese e anch'egli proveniente da Parigi, servì poi, con la sua diretta testimonianza,

Sono riconoscibili
nella fila in alto,
da sinistra: il terzo,
Odoardo Borrani,
il quarto, **Telemaco
Signorini;**
nella fila di sotto,
a sinistra di Borrani,
è **Vito D'Ancona;**
l'ultimo a destra,
nella fila in alto,
è **Moricci.**

Adriano Cecioni,
Il Caffè Michelangiolo
(ant. al 1866).
**Al Caffè
Michelangiolo,
situato in via Larga,
oggi via Cavour,
approdarono dal 1855
al 1863
quasi tutti i pittori
che avevano
partecipato
alla campagna
di Lombardia
nel 1848
e alla difesa
di Venezia, Bologna
e Roma nel 1849.
L'acquerello
di Cecioni
raffigura una
di quelle riunioni
che egli stesso
così descrive:
«Quando la
discussione
sull'arte si faceva
più animata,
gli artisti che
formavano gli altri
crocchi si accostavano
al tavolino
dei battaglieri, alcuni**

da decisivo "trait d'union" con quegli artisti che i giovani fiorentini avevano ammirato nella collezione Demidoff e di cui egli stesso aveva frequentato gli studi: Constant Troyon e Rosa Bonheur in testa.

I tre giovani, europeizzati, ferventi di idee patriottiche, tesi a rinnovare nella pittura il senso dell'idea nazionale che si andava attuando, focalizzarono e scossero l'interesse dei più attivi frequentatori del Caffè Michelangiolo: Borrani, D'Ancona, Buonamici, Mochi, Moricci e, infine, Telemaco Signorini, fra tutti il più disponibile all'avventura culturale, reduce allora da un viaggio a Venezia compiuto con Enrico Gamba e Federico Leighton, durante il quale eseguì "dal vero" alcune telette che, nella loro spigliatezza ottica, segnano la anticonvenzionalità e lo sperimentalismo dei suoi inizi.

La riqualificazione della pittura toscana avveniva nell'ambito di una coscienza storica generale che in pochi anni cementò gli interessi e dette ai singoli la possibilità di ridefinire con nuova chiarezza le proprie individualità.

Una coscienza dell'atto culturale alla quale servì da elemento catalizzatore la personalità del giovanissimo Diego Martelli, intellettuale e scrittore, che sarà per i nostri pittori continuo riferimento di interessi e chiarificazioni, e che interverrà sempre con un'azione critica appassionata e dedita, anche negli anni delle più scottanti crisi ideologiche.

Queste "nuove" esperienze tecniche, che dovevano confluire nella definizione della "macchia" (accentuazione del chiaroscuro per stabilire il valore strutturale della luce-colore contro l'"alleg-

**prendendo parte
alla discussione,
altri rimanendo
passivi
ascoltatori; e questi
poi, ritornando
sulle cose udite,
facevano tra loro
delle discussioni
separate. Era
un corbellare, fine
e reciproco,
ora gli entusiasmi
quarantottini
del Lega, ora il pizzo
del Cabianca, la bazza
del Fattori, la bocca
del Signorini,
gli occhiolini
del Rivalta e il nasone
di Nino Costa...
Poi fra le risate
nasceva una
discussione,
colla quale
si mettevano in rilievo
tutti i torti dell'arte
greca, e si terminava
mettendo in ridicolo
le opere più rinomate,
principiando
dall'Apollo
del Belvedere...»**

Antonio Puccinelli,
*La passeggiata
del Muro Torto* (1852).

Il dipinto
fu realizzato a Romà,
quando Puccinelli
aveva circa trenta
anni, alla fine
del soggiorno
iniziato nel 1849.
La stesura è
abbreviata,
a grandi contrasti,
secondo una pratica
che aveva trovato
grande fortuna
nei bozzetti di storia.
Quel che rende
questo dipinto
anticipatore
della poetica
macchiaiola
è la trasposizione
di tale tecnica
a un quadro
con una scena
di vita moderna.

gerimento" della tecnica a velature), erano già esercitate da qualche anno in ambiente fiorentino.

Furono infatti applicate soprattutto alla definizione del "bozzetto" di storia da una schiera di pittori di cui facevano parte, tra gli altri, anche alcuni futuri macchiaioli, come Banti, D'Ancona e Cabianca, Ussi, Moricci e quel Puccinelli che nel 1852, durante un suo pensionato romano, aveva applicato questa tecnica al "paesaggio animato" *La passeggiata al Muro Torto*, prototipo, anche se occasionale e forse non meditato, della futura prassi macchiaiola.

Questo interesse per l'effetto strutturale della luce-colore, per la macchia costruttiva scuro su chiaro, fu dunque ravvivato e fatto divampare da Morelli, da Altamura, da De Tivoli in un ambiente che già per altra via ne aveva iniziata la sperimentazione e che ora era pronto a riproporlo come nuova forza polemica.

Bisogna dire che, in anni in cui Silvestro Lega era ancora legato allo stile di Mussini, Fattori era studente all'Accademia e Signorini esponeva opere di intransigente romanticismo (tanto per citare coloro che saranno i tre protagonisti della nuova stagione), a Firenze si era formato un gruppo di giovani appassionati di un "genere" allora quasi desueto nella tradizione toscana: il paesaggio.

Essi avevano dato vita a una sorta di comunità chiamata "Scuola di Staggia" (vi appartenevano Carlo Ademollo, Lorenzo Gelati, Carlo e Andrea Maerkò, il napoletano Nicola La Volpe), capitanata da Serafino De Tivoli. Delle opere allora dipinte da questi pittori non ne è sopravvissuta neppure una sicura, ma si può presumere che questa focalizzazione di interessi sul paesaggio sia un diretto antecedente a quello spostamento della sperimentazione della macchia dal bozzetto di quadro storico o d'interno all'esterno di natura, spostamento che si attuerà subito dopo il 1859.

Ai dibattiti accesissimi che si svolgevano nelle sale del Caffè Michelangiolo in quel cruciale 1859 poco partecipava Silvestro Lega, temperamento davvero non facile agli entusiasmi di rinnovamento, ancorché addirittura facinoroso nei suoi fervori unitari e repubblicani. Egli aveva già da qualche tempo iniziato il suo distacco dallo stile del Ciseri, suo diretto maestro in quegli anni, e stava eseguendo nella natia Modigliana quattro lunette d'allegoria religiosa nelle quali è ben evidente il suo progressivo avvicinamento alla "nuova scuola", che doveva però attuarsi solo due anni dopo.

Più assiduo frequentatore di quegli stessi dibattiti, Giovanni Fattori era già in piena crisi di rinnovamento, con quell'autonomia anche esecutiva che sarà suo continuo carattere per tutto l'arco della sua esistenza.

Della sua attività sino a quegli anni poco ci è rimasto, se non testimonianze rarissime di un ciserismo non immune da adesioni allo stile del Pollastrini.

Fu soltanto con un'opera come la *Maria Stuarda al campo di Crookstone* che, pur ritentando il genere del quadro di storia, egli darà chiari segni di un rinnovamento che si attuerà negli stessi mesi colmi di entusiasmi patriottici.

L'unico dei futuri "maggiori" che affrontò direttamente il problema per cui le nuove sperimentazioni sulla pittura a macchia dovevano lasciare l'ambito consunto del quadro storico per essere verificate sulla "natura" e sul diretto problema della luce fu Telemaco Signorini.

Egli trovò piena rispondenza d'opinioni in Vincenzo Cabianca, nato a Verona e presto trapiantato a Firenze, fino ad allora pittore di dissonanza indunesca, che divenne in quei mesi tra il 1859 e il 1860 il più radicale assertore delle nuove teorie.

I primi macchiaioli

Qui sotto:
Telemaco Signorini
in una foto
del 1865 circa.

Nella pagina a fianco:
Cristiano Banti,
Riunione di contadine
(1861 ca.), intero
e particolari.
**Questo è il dipinto
più significativo
del primo periodo
macchiaiolo di Banti.
Una versione
più piccola,
datata 1861,
è conservata
nella Galleria d'arte
moderna di Palazzo
Pitti.
Racconta Cecioni
che in quell'anno
Banti, insieme
con Cabianca,
dopo i soggiorni
a Montemurlo
e a La Spezia,
andò a Piantavigne.
Di questo stesso anno
è infatti un dipinto
di Cabianca,
Le contadine
in Toscana,
che presenta lo stesso
soggetto di filatrici,
testimonianza
degli studi
condotti insieme.**

N ELL'ESTATE del 1858, Cabianca e Signorini si recarono a La Spezia alla ricerca di un'atmosfera luminosa consona alle loro nuove esigenze formali, alla ricerca di un ambiente visivo che rendesse loro più facile, nel diretto rapporto con il "vero", la definizione di quel netto contrasto tra luce e ombra capace di individuare la macchia come elemento grammaticale dell'opera. Questa necessità di ricevere uno stimolo quanto più definito dall'impressione ottica rimarrà sempre in Signorini come elemento determinante l'intero percorso del suo stile.

Il primo quadro che si conserva di questo momento signoriniano è il bozzetto de *Il merciaio della Spezia*, una piccola tela che sembra rappresentare il punto di concentrazione di un problema che di lì a pochissimi anni diverrà di importanza fondamentale. L'alternarsi delle ombre e delle luci, rapidissimo, segna lo stadio di un particolare affioramento ottico; l'immagine per ora è tutta qui, in questo impulso primario di definizione manichea fra luce e ombra. Ma già l'anno dopo, con il bozzetto per l'*Alt di granatieri toscani a Calcinato* (esposto alla Promotrice insieme a un altro quadro di battaglia: *L'artiglieria toscana a Montechiari*), Signorini dimostrerà di aver maturato il nodo della "macchia" chiaroscurale. E sarà evidente nel quadro estremo e forse più interessante di questa fase, *La cacciata degli austriaci dalla borgata di Solferino*, dipinto nel 1860, notevole soprattutto per un particolare uso quasi motorio dell'effetto-luce sopra i personaggi.

Lo stesso anno, o l'anno successivo, Signorini eseguì l'opera che, esposta alla Promotrice di Torino, suscitò un attivo e vivificato scandalo: *Il ghetto di Venezia*, oggi perduto. L'opera, dipinta certamente dietro l'esempio di De Camps (conosciuto nella collezione Demidoff, dove era presente con ben dieci delle sue celebri scene orientali), fu definita da Camillo Boito «senza forma, violentissima di colore più orientale che veneziano».

La testimonianza di un simile modo di far pittura si ha in un quadro eseguito da Signorini nei mesi seguenti, durante un soggiorno in Liguria a cui parteciparono anche Cabianca e Banti. *Le pescivendole a Lerici*, pur trattenendo ancora nel suo fasto coloristico elementi d'orientalismo romantico, si definisce soprattutto per una luce costruttiva che permette una vera e propria modulazione di elementi narrativi attraverso il peso di un lume

direttamente misurato sopra il volgersi delle figure.

Effetti molto simili sono raggiunti contemporaneamente da Cabianca ne *Gli avanzi della chiesa di San Pietro a Portovenere*, costruito con forti partiture di luci e ombra. Ma i suoi due quadri di maggiore originalità, *Marmi a Carrara Marina* e *Le monachine*, presentano una scalatura luminosa più omogenea, a luce totale, con un effetto di "reale visivo". Queste due opere segnano forse il punto più intenso e originale dell'intera attività di Cabianca, e tanto più singolare è l'effetto ottico se si tiene conto che le opere furono eseguite in studio a Firenze da appunti o schizzi dal vero, come dimostra il bozzetto degli *Avanzi di San Pietro*, conservato alla Galleria d'arte moderna di Firenze.

Questa sorta di manicheismo luminoso creò in quegli anni al Cabianca la fama d'essere il più radicale e intransigente tra gli sperimentatori della macchia. Purtroppo tale fama fu legata

Telemaco Signorini, *Pescivendole a Lerici* (1860).

all'esecuzione di alcune opere oggi perdute, nate da un soggiorno fatto in compagnia di Cristiano Banti (pittore fra i più colti della nuova generazione) a Montemurlo e a Piantavigne, subito dopo il compimento di un loro viaggio parigino al Salon del 1861 insieme con Signorini. Le loro poche opere conosciute di questo momento mostrano esatti rimandi a Corot e soprattutto a Jules Breton, che forse era stato, tra i grandi della mostra parigina, il pittore più guardato dai tre toscani. E *La riunione di contadine* di Banti e le *Contadine in toscana* di Cabianca sono singolari documenti di questo bretonismo tutto sommato moderatore. Sono perdute invece *Porcile al sole*, *Mandriana* e *Donna con un porco sotto il sole*, le tre opere di Cabianca che sembra dovessero costituire gli esiti più avanzati in senso strettamente "macchiaiolo" della tecnica ottica del pittore, probabilmente aiutata dallo specchio nero di cui anche l'amico Banti faceva sempre uso.

In questi anni di sperimentalismo e di comuni entusiasmi, iniziano la loro attività in seno alla pittura rinnovata coloro che (Signorini a parte) saranno i maggiori artisti della stagione toscana: Giovanni Fattori, e poi Raffaello Sernesi, Giuseppe

Signorini, Cabianca e Banti furono a La Spezia nell'estate del 1860 e, racconta Cecioni, «là questi tre artisti si sfogarono a trattare gli effetti di sole dipingendo delle donne portanti delle brocche d'acqua [...] quando di tono sul mare, quando sotto l'ombra di un arco col sole in fondo e sul davanti del quadro; e a forza di studi, lavori e tentativi arditissimi, fecero in tutto il tempo passato alla Spezia un vero progresso».

12

Qui sopra:
Nino Costa,
Casolari toscani
(1864 ca.).

Abbati, Odoardo Borrani e infine, in una sua particolarissima misura, Silvestro Lega.

Fattori, alle prese con il problema del quadro storico, tentò il superamento della recente tradizione pollastriniana con il dipinto *Maria Stuarda*, e vinse il concorso bandito nel 1859 dal Governo provvisorio per un quadro rappresentante *Il campo italiano dopo la battaglia di Magenta*. Con questa seconda opera si definiscono chiaramente la struttura e l'ideologia fattoriana del quadro di storia contemporanea: vi sono riprese le strutture sintattiche tradizionali, ma rinnovate da una sensibilità inedita che riesce a ricostruirle attraverso un'esperienza ottica diretta. Ciò fa del bozzetto per *Magenta* il primo capolavoro di Fattori.

In questi mesi, in cui molto doveva pesargli l'elaborazione dei due quadri di storia, l'arrivo del pittore Nino Costa, esule da Roma e carico di una tensione emotiva di qualità molto simile alla sua, giunse a Fattori come evento chiarificatore. L'esercizio sensibile sul vero naturale che Costa aveva praticato già nella sua giovinezza romana non possedeva l'effettismo metodico del Morelli, che certamente insospettiva o per lo meno teneva a distanza il Nostro. Inoltre, il rapporto con l'oggetto di natura veniva messo da Costa in una zona del sentimento esattamente equilibrata, e soprattutto al riparo da quel periodo di caduta in un artificio tecnico che invischiava i nuovi adepti. Costa definì con Fattori (soprattutto nelle opere che dipinse a Livorno immediatamente dopo il 1860) una consonanza interiore che nel livornese sarà necessaria e sufficiente a far emergere quel procedimento (dalla natura all'immagine attraverso la coscienza) che segna le ragioni della sua supremazia.

Se di "sperimentazione" si può parlare a proposito di un

In basso:
Vincenzo Cabianca,
Case a Lerici
(1860).
Roma, Galleria
Nazionale d'Arte
Moderna.
**Il dipinto documenta
il soggiorno
di Cabianca
a La Spezia,
insieme con Banti
e Signorini,
nel luglio 1860.**

Giovanni Fattori,
La cugina Argia
(1861).
Firenze, Galleria
d'arte moderna
di Palazzo Pitti.

Il dipinto fu
realizzato nel 1861,
anno in cui Fattori
iniziò a soggiornare
a Livorno,
trascorrendovi
lunghi periodi

fino al 1867.
L'interesse
per il ritratto
era in Fattori
già presente
nella giovinezza,
come attestano vari

appunti e disegni
e le sue stesse
memorie. È con
questo dipinto
che egli raggiunge
uno degli esiti
più alti nel ritratto.

piccolo capolavoro come *I soldati francesi del '59* (dipinto da Fattori sotto l'entusiasmo popolare per l'arrivo a Firenze delle truppe di Gerolamo Napoleone), essa riguarda l'"avvio" dell'immagine: la "macchia", infatti, viene adoperata con una necessità formale lontana dai coevi esperimenti di Signorini e di Cabianca. Essa è elemento grammaticale attivo, capace di definire una struttura di cui è insieme modulo cellulare e impulso sensibile. Gli esempi illustrativi del celebre Raffet, disegnatore di soldati conosciuti da Fattori nelle stanze del principe Demidoff, servirono solamente da spunto. Le nuove tavolette hanno una indiscutibile assertività formale; per lo meno sino alla metà degli anni Settanta, la visione di Fattori si svolga intorno a loro come ad attivi nuclei di riferimento. In queste piccole opere non solo nasce la grande arte fattoriana, ma si definisce quel metodo di depurazione visiva verso un'alta stereometria sentimentale che sarà patrimonio irrinunciabile per la pittura italiana del Novecento.

Nei mesi seguenti, Fattori si trasferì a Livorno per provvedere con le cure marine alla salute malferma dalla moglie. In quest'occasione dipinse, a cominciare dalla *Cugina Argia*, quella serie splendida di ritratti familiari "in presa diretta" che si riveleranno capaci di arricchire di nuovi contenuti anche sociali la struttura tradizionale del ritratto fiorentino.

Costa, che lo aveva seguito, dipingerà anch'egli alcuni paesaggi di campagna livornese e toscana. Primo splendido risultato è quella *Contadina nel bosco*, eseguita tra il 1860 e il 1861, in cui il metodo analitico costiano dell'appunto diretto di natura assume in Fattori una nuova cadenza: la figura della contadinella racchiusa nel gesto delle braccia, nel ripiegar della testa, nell'equilibrio tra valori pittorici e valori "sentimentali", detiene un potenziale di rinnovamento nell'ambito della pittura italiana di quegli anni maggiore dei polemici effetti a macchia dei colleghi fiorentini.

Giovanni Fattori,
*I soldati francesi
del '59* (1859).

Negli anni immediatamente seguenti il 1860, in questo clima acuito dalle sperimentazioni, si consuma l'operato di uno dei maggiori pittori macchiaioli: Raffaello Sernesi, morto giovanissimo nel 1866 in un'azione garibaldina. L'attività di questo straordinario pittore è, sia per motivazioni strettamente culturali, sia per affinità di sensi e di sentimenti, legata a quella di Vito D'Ancona, di Giuseppe Abbati e, infine, di Odoardo Borrani.

Vito D'Ancona, pesarese, si era avvicinato proprio in quel 1861 agli esperimenti sulla macchia con un primo risultato, *Il portico*, di forte risalto luminoso alla Signorini. Ma la misurazione è più pacata e modulata e fa prevedere uno sviluppo "moderato", evidente in un piccolo capolavoro coevo: *La signora con l'ombrellino*. È presente in quest'opera un'ottica limpida, esatta e calibrata, consona a quella dei primi saggi di pittura del Sernesi (si ricordi soprattutto il *Cupolino alle Cascine*); l'effusa partenza alla Signorini

Sono di questo anno le prime prove di Fattori come pittore macchiaiolo. I primi documenti pervenutici sono le composizioni che raffigurano i soldati francesi accampati a Firenze, al Pratone delle Cascine: il corpo di spedizione comandato dal principe Girolamo, inviato

da Napoleone III,
era sbarcato
nel porto
di Livorno verso
la fine di maggio.
Giunse poi a Firenze
il 28 maggio
e vi fece sosta
fino al 16 giugno.
Nel corso di questo
periodo, Fattori
prese gli appunti
che avrebbero
poi portato
all'esecuzione
di questo dipinto
e della *Battaglia
di Magenta*.

si tempera in una fermezza visiva che rimarrà elemento determinante del suo stile.

Giuseppe Abbati, napoletano, figlio d'arte (il padre era pittore d'interni), anch'egli segnato da una breve vita, temperamento esatto, scrupoloso, tenace e conseguente, dipinge in questi anni il *Chiostro di Santa Croce*, uno strutturatissimo "studio di macchia" sopra i blocchi di marmo bianco e verde approntati per il restauro del chiostro; una figuretta di "garzone" con un cappelluccio di smalto azzurro (quasi antico), seduta sul muretto a sinistra, ne definisce la dimensione "da interno". Di minore risalto formale, e legato alla tradizione dell'interno medievaleggiante, è un *Chiostro di Santa Croce*, che immette nell'impianto storico di tradizione alcune figurette "vere" di operai intenti al restauro, così come, nel coevo *Torre del Palazzo del podestà*, un omino di spalle che guarda oltre il parapetto di fiancata ritem-

pera la memoria d'architettura medievale in una sua particolare cadenza contemporanea.

Questo citare la presenza "attuale", anzi polemicamente ravvivata, dell'antico, dell'ambiente storico come luogo naturale di eventi contemporanei, toccherà il suo punto più evidente nel quadro *Il 26 Aprile 1859*, dove Odoardo Borrani, con felicissima sintesi, inserisce nell'architettura medievale e tra gli arredi da scenografia storica (l'alabarda, il seggiolone) una limpida figuretta di giovane donna intenta a cucire il tricolore; oltre il finestrone, sui tetti, la luce irrompe sulla scena con una sua germinante naturalezza, quasi a significare il senso nuovo che la storia appena iniziata dava alle antiche memorie.

Una tale "giustezza" fa di Borrani in questi anni giovanili un pittore di straordinari esiti, soprattutto nell'equilibrio tra potenziale (anche luminoso) della visione e potenziale sentimentale. È questo forse, malgrado la testimoniata diversità dei caratteri, il nodo della sua amicizia con Sernesi, che culminerà nel soggiorno dei due pittori a San Marcello pistoiese, sull'Appennino, nell'estate del 1861.

Questo soggiorno produrrà alcuni dei capolavori più depurati di tutta la pittura ottocentesca italiana, opere straordinarie ma di esito breve, se si pensa all'imminente morte di Sernesi e all'involuzione che bloccherà l'estro di Borrani già alla fine degli anni Sessanta.

Tra questi paesaggi sono *Alture* e *La raccolta del grano sull'Appennino* di Borrani e lo splendido *Pastura in montagna* di Sernesi, opera la cui testimoniata esecuzione in studio su appunti non diminuisce il senso germinante di una natura rinnovata. In una nuova forma si definiscono contenuti assolutamente inediti senza lasciare traccia di scorie volontaristiche o sperimentali: lo stesso risultato — anche se con un diverso grado di sensibilità — che Fattori aveva da poco raggiunto con i suoi *Soldati francesi*.

I soggiorni
a Castiglioncello

Telemaco Signorini,
Piagentina (1862 ca.),
intero (qui sopra)
e particolare
(nella pagina a fianco).
Firenze, Galleria
d'arte moderna
di Palazzo Pitti.

**Il dipinto appartenne
a Diego Martelli,
scrittore e animatore
del gruppo
dei macchiaioli,
che fin dal 1861
ospitò i pittori
nelle proprie tenute
nei pressi
di Castiglioncello.**

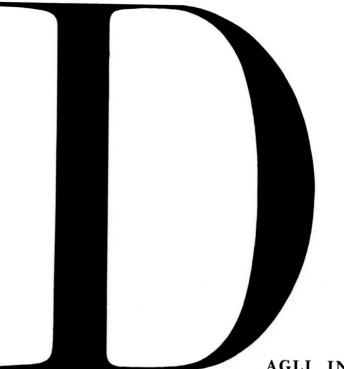

AGLI INIZI
degli anni Sessanta si verificano dunque gli eventi maggiori che, in un breve giro di tempo, segneranno il culmine di questa comune ricerca di una nuova lingua pittorica e inizieranno la crisi che porterà alle incomprensioni e agli isolamenti del trentennio successivo.

Fattori, come si è visto, dipinge a Livorno. Poi, dal 1867, si trasferisce periodicamente a Castiglioncello, nella tenuta di Diego Martelli, dove lavorerà con Abbati, Borrani, Sernesi, in quella comunità di ricerca che segna forse l'episodio maggiore di questa storia macchiaiola.

Negli stessi anni, nel sobborgo agreste di Piagentina, tra Firenze e Fiesole, lungo l'Affrico, Silvestro Lega si recherà e abiterà presso la famiglia Batelli. Qui, con Signorini, Sernesi, Abbati e Borrani darà origine a quel "Gruppo di Piagentina" che oppone alla sperimentazione sul vero luminoso, attuata a Castiglioncello, una visione più mediata dalla misura degli affetti, una luce più "mentale" e, nel passar degli anni sino al 1866, sempre più consona a una ricerca di antica matrice.

Tra Livorno e Castiglioncello si verificano dunque questi eventi, complessi per lo svolgersi delle singole vicende umane, per gli specifici sensi di amicizia o di adesione dei pittori tra di loro e di ognuno con Diego Martelli, e anche per una relativa povertà di documenti.

A Livorno, Fattori, confortato dall'amicizia di Nino Costa e dalla sua presenza maieutica, approfondirà quel rapporto d'equilibrio tra peso della visione e sentimento di natura che gli aveva fatto dipingere il bellissimo *Pasture in Maremma*. In questo quadro, il formato orizzontale sensibilmente allungato (adoperato in quegli anni, forse per suggerimento proprio di Nino Costa, anche da Borrani, Abbati e Sernesi) diviene misura ideale per una distribuzione metrica a vastissimo orizzonte e nette partiture modulari.

A queste *Pasture* succederanno, eseguiti con ogni probabilità nel 1865, *Acquaiole livornesi*, *Le macchiaiole* e i *Costumi livornesi*. Sono queste tre grandi tele nelle quali un improvviso rafforzamento della gamma cromatica e dell'incidenza e assorbimento delle luci sulle superfici determinano strutture capaci di sostenere una "invenzione sul vero" ormai ben oltre la nobilissima

"notazione" costiana. *Acquaiole livornesi* si taglia in un rapporto luminoso che è ormai lontano dallo schema impulsivo della macchia, pur conservando nella pennellata quella necessità alla sintesi strutturale che qui diviene motivo di aurea stereometria. Qui, il disporsi dei casolari sul filo dell'orizzonte è teso a sostenere il peso e l'altezza delle due figurette femminili di spalle; queste, a loro volta, si pongono in una cadenza perfetta, in cui una notazione di pathos è costituita dal breve scarto verso destra della seconda. La materia pittorica è limpida e sensibile al lume dell'ora mattinale.

In questi stessi mesi si deve collocare l'esecuzione di alcune famosissime opere di minori dimensioni: la *Signora all'aperto*, la

Giovanni Fattori,
La Rotonda di Palmieri
(1866).
Firenze, Galleria
d'arte moderna
di Palazzo Pitti.

Signora al sole, e quella *Rotonda di Palmieri* che è uno dei risultati più alti e smaglianti di questa stagione pittorica.

Nella *Rotonda*, sul filo luminosissimo dell'orizzonte si apre lo spazio segnato lungo tutto il primo piano dal lembo della tenda da sole; sotto, il gruppo delle signore si svolge in un ritmo serrato, secondo il voltarsi o il profilarsi di ognuna di esse entro l'ombra di riflesso posata dalla tenda, che avvalora il loro volume a riscontro della forte luce proveniente dal mare. La pennellata costruisce ogni figuretta zona per zona, ponendo con esattezza i piani, e le luci che li definiscono, in un rapporto equilibrato di colori (bianco-nero, nero-rosso). Il risalto della visione ha una durata lunghissima, dovuta all'equilibrio concluso e ritornante delle tre partiture segnate dal controluce dei pali; eppure, il senso dell'ora marina è così esatto da provocare un abbaglio quasi di trasalimento.

Nell'estate dell'anno seguente, il 1867, Fattori si reca nelle case maremmane di Diego Martelli.

Lo scrittore aveva ereditato giovanissimo, nel 1861, una grande tenuta tra Castiglioncello, Nibbiata e Castelnuovo della Misericordia, immediatamente a sud di Livorno. Costretto a soggiornare lungamente in quei luoghi per sorvegliare da vicino la pericolante situazione della proprietà, Martelli sin dal principio portò con sé gli amici pittori, che ben presto si abituarono e affezionarono a questo soggiorno maremmano sino a farne una sorta di residenza periodica. Nello stesso 1861, infatti, Diego soggiorna nella tenuta con Signorini, Abbati e Michele Tedesco (un giovane pittore napoletano che, dopo un periodo mac-chiaiolo, tornò in patria e dipinse in modo diverso) e, molto

In questo dipinto, risultato di una serie di studi e meditazioni condotti dall'artista nell'estate del 1866, Ardengo Soffici rilevò «il più aristocratico senso dell'eleganza». La Rotonda di Palmieri era in uno stabilimento balneare di Livorno, così noto in quegli anni che il conte Tullio Dandolo (descrittore della collezione Demidoff, la più aggiornata raccolta nella Firenze di allora) dedicò al luogo un opuscolo a stampa.

probabilmente, anche con Cabianca. Signorini in quest'occasione esegue una breve veduta delle case Martelli.

Nei mesi immediatamente successivi, lo spostarsi del gruppo di amici da Firenze a Castiglioncello è frequente, e spesso ha la dimensione e la durata di una gita. Vi si recheranno (secondo la testimonianza di una lettera di Borrani a Diego) Signorini, Abbati, Borrani, Buonamici, Tedesco, e poi anche Caligo, Franzoia, Dattoli, Dolce e Pisani, amici del Caffè Michelangiolo; a questi si aggiungerà ben presto Sernesi. Rarissimamente Lega; e solamente nel 1867 Fattori.

Oltre l'incunabolo di Signorini, le prime opere che ci restano a testimoniare questa comunanza di affetti e di sensazioni sono due paesaggi del fedelissimo Abbati, il miglior amico di Diego: *Marina a Castiglioncello* e *Lido con bovi al pascolo*. In esse il pittore, ancora vibrante di suggestioni costiane, ma con quella straordinaria capacità di depurazione lirica del "motivo" che sarà sua qualità maggiore, sembra voler stabilire, nel definire i luoghi e nell'indagare il senso segreto della loro storia, una sorta di "introibo" alla straordinaria stagione che seguirà.

A questa pacatezza visiva, capace, nel formato verticale, di svolgere motivi di complessa descrizione ma di concluse assonanze, si accosta Sernesi con pochi quadri, fra cui quella *Marina a Castiglioncello* (in due versioni di uguale iconografia) di cui scrisse meritamente l'Ojetti: «Sembra unire l'empito lirico del Fattori nei paesi livornesi e maremmani e una finezza stupenda, a una dovizia di colori e anche a una sapienza di composizione che avrebbe fatto l'ammirazione del sapientissimo Costa...».

Il rapporto Sernesi-Abbati-Borrani distingue la prima stagione maremmana dei giovani pittori macchiaioli negli anni tra il 1864 e il 1866, sino all'arrivo nel gruppo del nuovo protagonista, Giovanni Fattori.

La nuova ottica che si puntualizza nelle tavolette eseguite da Borrani subito dopo o durante il 1864 è straordinaria. Sono opere di piccole dimensioni, nelle quali il calcolo metrico si definisce con capillare esattezza grazie a un colore-luce di timbro perfetto, secondo quell'indugio dell'occhio nella resa del particolare visivo che sarà dote massima di Borrani; *Casa marina a Castiglioncello*, *Orto a Castiglioncello*, *Pagliai a Castiglioncello* (forse la più bella del gruppo), *La spianata della torre* sono alcune opere di un gruppo omogeneo, tutte eseguite nei dintorni di casa Martelli come itinerario lirico di uno sguardo che misura una sensibilità inedita.

A parte le affermazioni individuali coeve di Fattori e di Lega, questo nucleo maremmano di inserti preziosissimi costituisce il punto più evidente di quel rapporto tra indagine del vero naturale e solidificazione dell'immagine «nel rigore di una prospettiva tipicamente fiorentina» (sono parole di Bellonzi) che definisce per lo meno in questi anni il valore rinnovato della pittura toscana. Nei *Pagliai a Castiglioncello*, come anche nella coeva tavoletta di Abbati *Bambini a Castiglioncello*, il rapporto delle ombre e delle luci "solide" nella limpidezza dell'aria è così esatto da stabilire una durata lunghissima di visione.

Questa consonanza del linguaggio abbatiano con il clima dei luoghi determinò un lungo soggiorno del pittore a Castelnuovo della Misericordia (in un'altra casa rurale del Martelli) e un ritorno nel 1866, dopo una prigionia in Croazia. Certamente oltre questa data egli eseguì quella *Veduta di Castiglioncello* in cui, entro una dimensione inconsueta (cm 10x86), ritrasse l'intero complesso delle case di Martelli. Questo piccolo capolavoro definisce, nella sua tripartitura a zone prospettiche accordate (come avverrà per le "panoramiche" in montaggio fotografico degli Alinari), una "invenzione" strettamente legata al processo di solidificazione metrica della visione naturale che sarà tipico di questa stagione di Castiglioncello.

Processo che sarà condiviso da Borrani, anche nel ritmo interno tripartito, in quel *Carro rosso* eseguito con tutta probabilità nel 1867, anno in cui Fattori si recherà nelle proprietà Martelli dando inizio a una consuetudine d'amicizia e di vitali comunanze che durerà sino alla vendita delle proprietà (1889) e alla morte dello scrittore.

I *Bovi al carro*, forse il primo tra i dipinti eseguiti in Maremma da Fattori, ha straordinarie assonanze di timbro luminoso con l'opera suddetta e con altre tavolette di soggetto affine eseguite in questi mesi. Anche il taglio fortemente orizzontale e allungato della visione si avvicina allo sperimentalismo ottico di Abbati, pur definendosi in una misura regolata, mai

26

Giovanni Fattori,
*La signora Martelli
a Castiglioncello*
(1867 ca.).
Livorno, Museo
civico Fattori.

eccedente, in un giro d'occhio "necessario", come ne *La Rotonda di Palmieri*.

La nuova misura fattoriana contiene però una superiore concentrazione drammatica: la necessità di trovare nelle partiture un nucleo dinamico-emotivo da sviluppare.

Ciò sarà evidente soprattutto nelle opere eseguite dopo il 1880, ma è già motivo di partenza di un capolavoro, il *Ritratto di Diego Martelli a Castiglioncello*, in bilico sullo scatto della poltrona, fortemente inserito dentro la successione prospettica ma fratturata dei fusti d'albero. L'immediatezza con cui Fattori si pone davanti al personaggio (quella presa diretta del carattere che già s'era vista nei suoi primi ritratti) va molto oltre la moda del "ritratto in ambiente" che il giovane Boldini, appena arrivato da Ferrara, aveva portato allora a Firenze.

È un dialogo con le cose viste nel loro peso naturale, che in questi anni, forse negli stessi mesi, definirà altri capolavori: il *Ritratto della signora Martelli*, il *Ritratto di Valerio Biondi*, *Le botti rosse*, il *Pagliaio a Castiglioncello*.

Si è parlato di supremazia fattoriana. In effetti i risultati pur eccellenti di Borrani, Abbati, Sernesi segnano un punto fermo, una zona di equilibrio ottico-emotivo difficilmente articolabile oltre la sua misura.

Se per Abbati e Sernesi la natura inclemente volle definire con la morte un processo così esclusivo di raffinamento della visione, per Borrani essa segnerà l'inizio di una fase involutiva che, entro il decennio, lo porterà a uno stadio illustrativo e ripetitivo.

Per Fattori è diverso. La sua, evidentemente, è una conoscenza in progresso della natura attraverso l'esperienza, in un procedimento privo di formalismi; semmai appesantito da scorciature, sommarietà e disagi espressivi, anche se ricco di straordinaria autonomia culturale; quella cultura che, come chiaramente vide Parronchi, consisteva nello sforzo di un rinnovato e inesauribile contatto con la natura primigenia. E la forma, dunque, nasceva come necessità conoscitiva.

La Scuola
di Piagentina

Qui sopra:
Silvestro Lega
con la famiglia
Batelli a Piagentina.

Nella pagina a fianco:
Silvestro Lega,
Il canto dello stornello
(1867).

L'opera fu esposta
per la prima volta
alla Promotrice
di Firenze del 1867
e ottenne subito
un grande successo.
Anni dopo Signorini
così scrisse:
«**Fedele al suo
programma
di produrre
un'arte dove
la sincerità del vero
reale dovesse, senza
plagio preraffaellista,
ritornare ai nostri
quattrocentisti
e continuare la sana
tradizione, non più
col sentimento divino
di quel tempo,
ma col sentimento
umano dell'epoca
nostra,
dipinse il suo quadro
più grande, il *Canto
dello stornello*».**

E' BEN NOTA
la funzione che Diego Martelli ebbe di vero e proprio catalizzatore di interessi, ricerche e pratiche decisioni in queste stagioni di
Castiglioncello.

Ed è certamente per suo merito (oltre che per la evidente
"eccezionalità" dei soggiorni maremmani, che per molti dei
protagonisti costituivano una sorta di riproposizione dei trascorsi
entusiasmi del Caffè Michelangiolo), che si stabilì quella tensione
vitalistica, nella quale l'esperienza della visione diviene accerta-
mento creativo attraverso i fili di un perfetto agio psicologico.

Malgrado la sua amicizia con Martelli, Silvestro Lega si recò
una sola volta a Castiglioncello, senza lasciare traccia di opere lì
eseguite. La sua natura particolare, il carattere "bizzarro" e
sensibile sin quasi alla patologia, fu certamente una delle cause
che lo indussero a disertare la comunità maremmana. Ma, forse,
causa principale fu la qualità visiva dell'ambiente, quella vastità
del rapporto tra spazio e luce che, se costituirà suo rovente
problema nei tardi anni trascorsi al Gabbro, per ora rimaneva
escluso della sue linee di definizione linguistica.

La sua "adesione" alla macchia, sensibilmente tardiva, si
deve far risalire al 1861, anno in cui il pittore eseguì una serie di
tavolette delle quali ci rimane un *Trittico* (oggi alla Civica
Galleria d'arte moderna di Milano). Queste tavolette furono
eseguite da Lega già a Piagentina, nella villa di Spirito Batelli,
illuminato editore, la cui famiglia costituì il centro di affetti più
attivo dell'intera vita del pittore. Per una delle figlie di Batelli,
Virginia, Lega ebbe poi sentimenti particolari. Questa straordinaria relazione (che doveva tragicamente finire con la morte per
etisia delle tre sorelle) determinò dall'anno 1861 un clima di vita
e di lavoro che segnò non solo la sua reale nascita artistica, ma
forse anche la stagione più alta del suo linguaggio.

Ma il vero e proprio sodalizio, o "scuola di Piagentina"
(come impropriamente si è sempre scritto), nacque su diretto
intervento di Signorini, che da poco abitava anch'egli in zona;
stabilito nello stesso 1861 un rapporto di vicinanza con Lega, egli
eseguì con lui alcune opere nella campagna circostante. Di tali
opere si son perse sinora le tracce. Resta solo un capolavoro di
Lega, *La raccolta delle rose*. Già l'anno dopo il gruppo si allarga:
con Lega e Signorini lavora sulle rive dell'Affrico Abbati; si

aggiungerà subito dopo Borrani, e poi Sernesi. Signorini, nel suo scritto commemorativo di Lega, ci darà una testimonianza appassionata di questi giorni di attività laboriosa: lo "spirito di Piagentina" definisce il momento di maggior equilibrio e di raggiunta autocoscienza dopo le prime sperimentazioni della macchia, così come lo "spirito di Castiglioncello" ne segna la zona di più matura sperimentazione.

Certamente, al raggiungimento di questa straordinaria "medietas" aveva concorso anche il rinnovato entusiasmo per Daubigny e Corot, ravvivato dal viaggio di Signorini a Parigi. Ma si farebbe ingiustizia ai nostri pittori se non riconoscessimo in loro una viva tensione individuale, una volontà di chiarire se stessi attraverso la visione, che comporterà quella ricerca della radice storico-lessicale toscana, quella ridefinizione di una lingua antica su rinnovati metri di conoscenza e di funzione che rinnoverà i rapporti con la pittura del Quattrocento.

Sarebbe assurdo d'altra parte sostenere una reale diversità fra le opere eseguite da Abbati, Borrani, Sernesi in questo

contesto e quelle dipinte dagli stessi in altri mesi dei medesimi anni a Castiglioncello. In ognuno di loro il percorso linguistico rimane ovviamente coerente in sé; cambia forse la "dominante", per cui, soprattutto in Abbati e Borrani, il clima ottico teso che portava a una accentuazione modulare si stempererà in una visione più articolata sul filo della sensibilità atmosferica. Come in alcuni piccoli capolavori di Abbati, quali *Stradina al sole* o la splendida tavoletta bifronte con *Veduta di un fiume* e *Olivi e cipressi*: in questa il "senso" del paesaggio si articola nel variare delle luci così come nelle coeve opere di Castiglioncello era fermo nel colore di smalto. Persino Sernesi, artista di notevole unità, in *Grano maturo* dà alla sua tavolozza un "vibrato" particolarissimo che non si avverte nel contemporaneo *Albero*, dipinto in Maremma.

Lega ha un arco straordinario di creatività dal 1862 al 1870, periodo che è uno dei punti emergenti di questa stagione; dopo *La raccolta delle rose*, un quadro come *Villa Batelli lungo l'Affrico* tocca già i vertici di un pieno equilibrio; Marabottini indicò quest'opera come completo prototipo dello stile leghiano maturo

Silvestro Lega
La raccolta delle rose
(1862).

**Nel maggio
del 1862
furono esposti
da Lega
alla Promotrice
di Torino
tre dipinti:**
Le lavandaie

presso Firenze,
La toeletta
e *Le rose*
della primavera.
**Quest'ultima opera
è probabilmente
da identificare
con questo dipinto.**

Odoardo Borrani,
*Cucitrici
di camicie rosse*
(1863).

Il dipinto
è considerato
uno dei capolavori
di Borrani,
nato nel clima
di entusiasmo
che accompagnava
le imprese
di Garibaldi.
Il tema patriottico,
già affrontato
da Borrani nel dipinto
Il 26 aprile 1859,
assume qui
una dimensione
più domestica, intima.

Silvestro Lega,
La visita (1868).
Roma, Galleria
Nazionale d'Arte
Moderna.

«con una sorta di sorgivo candore che rende le sue case vere a un tempo e simboliche, come nei disegni dei bambini». La qualità particolarissima dello stile di Lega negli anni in questione è dunque questa capacità di trasporre la realtà d'esperienza in impianti di un lirismo quasi visionario, eppur sorretti da un senso formale di contemplata classicità; un equilibrio tesissimo che può anche dar luogo a cedimenti e improvvise dissociazioni, ma che, quand'è raggiunto, definisce un metro lirico tra i più originali di tutta la pittura dell'Ottocento italiano.

L'educazione al lavoro del 1863, le tavolette "a macchia" del 1864-1865 (*Le signore sotto la pergola*, *La passeggiata in giardino*, *Vasi sotto il pergolato*, *La visita*, *Orti a Piagentina*) e infine i celebri quadri degli anni 1867-1869 (*Il canto dello stornello*, *La visita*, *Il pergolato*) sono le tappe maggiori di questo percorso. L'esperienza del quotidiano viene celebrata con una gestualità quasi cerimoniale eppur naturalissima, come una sequenza fermata al suo fotogramma più significativo. L'impianto che la contiene o si esempla direttamente su partiture quattrocentesche (*La visita*), o presenta complessi problemi metrico-prospettici, come *Il canto dello stornello*. Ma questa complessità formale di origine purista diventa metodo necessario a misurare le temperie del sentimento, quella regola priva di evidenti passionalità, di un sussiego quasi risentito, per cui Cecioni, recensendo *La visita*, poteva scrivere su

Il quadro fu esposto a Torino e a Firenze nel 1868 e Cecioni, recensendolo, scrisse: «Anche questo artista ha il bel merito di fare un'arte locale che appartiene intimamente a Firenze; nelle sue opere esiste, oltre la propria individualità, l'individualità del paese». Anni dopo, nel 1873, Arrigo Boito così lo descrisse: «V'è una casetta... che pare uscita dopo molto studio dalla mano d'un ingegnoso fanciullo; e il gruppo principale figurante due ragazze, che vanno a visitare la padrona della casetta, e questa che, accogliendole amorevolmente, le bacia in fronte, è pure stentarello e duretto. Ma l'altra metà com'è naturale, com'è ariosa... La madre delle fanciulle, più indietro, involta in uno scialle, stacca sul fondo di un orto, in cui si respira. Il colore è un po' sudicio, ma giusto e sodo; la maniera ha una certa semplicità primitiva, che a primo tratto sembra sgarbata, ma che a poco a poco persuade e piace».

l'*Italia artistica* del 1869: «[...] questo artista ha il merito di fare un'arte locale che appartiene intimamente a Firenze...», spingendo su pericolosi parametri già di tipo naturalista la constatazione di una rivelatrice presenza della storia.

Diversamente succede per Borrani. Nel 1863, in un clima di forte partecipazione emotiva alle prime crisi politiche dell'Italia unita, egli dipinge quelle *Cucitrici di camicie rosse* che forse è il suo capolavoro, ma che è anche l'opera che chiarisce la sua natura così diversa da quella di Lega. Queste *Cucitrici* sono la perfetta trascrizione di un interno fiorentino d'epoca, con elementi in stile Biedermeier secondo la recente tradizione lorenese. Ogni oggetto, ogni particolare ha una rispondenza con il "vero" costruitissima, nata da un reale procedimento di oggettivazione-identificazione. Per questo il gesto delle squisite figurette femminili non ha la trasfigurazione cerimoniale propria di Lega, ma una labilità di trasalimento capace come poche di registrare lo "hic et nunc" con una carica testimoniale impressionante.

Quadro bellissimo (come le contemporanee *Crestaie di Firenze*) ma pericolosamente concluso in se stesso, queste *Cucitrici* trovano il loro massimo valore nei "significati" che ogni gesto, ogni oggetto, detiene. E tali significati sono legati a un momento storico ancora eticamente sostenuto, ma estremo per la coscienza di questi quarantottini già in avanzata via di delusione.

Silvestro Lega,
Il pergolato (1868),
intero e particolari.
Milano, Pinacoteca
di Brera.

**Il dipinto fu esposto
alla Promotrice
di Firenze del 1868,
insieme con
La visita e *Il ritorno
da San Salvi.*
L'opera era intitolata
Un dopo pranzo,
ed è una delle
raffigurazioni
più compiute
e poetiche
della società
borghese del tempo.**

I rapporti con l'Europa

Qui sotto:
Giuseppe De Nittis
durante la campagna
per l'unificazione
italiana.

Nella pagina a fianco:
Adriano Cecioni,
Il gioco interrotto
(1867-1870).
Roma, Galleria
Nazionale d'Arte
Moderna.
**Cecioni tornò
a Firenze
da Napoli, dove aveva
aderito alle ricerche
della Scuola
di Resina,
nel 1867;
partì per Parigi nel
1870.
In questo triennio
va collocato
il dipinto, considerato
una delle prove
più compiute
dell'artista.**

I

L VIAGGIO A PARIGI
compiuto da Signorini per vedere il Salon del 1861, in compagnia di Cabianca, di Banti e della moglie di quest'ultimo, si era rivelato determinante non solo per l'immediato futuro del linguaggio dei tre pittori (soprattutto di Signorini), ma anche per ciò che attraverso di loro si determinò nel clima culturale fiorentino negli **anni** immediatamente a venire. Durante la visita alla mostra, oltre che sulle tele di Corot, Daubigny e Troyon, l'interesse dei nostri pittori si era soffermato soprattutto sulla retrospettiva di Jules Breton e sopra gli interni alla moda dello Stevens. Avevano cioè notati tutti gli eventi caratteristici di questo particolare Salon, che già all'epoca appariva frutto immediato del riflusso culturale e dell'assestamento alto e medioborghese, per cui l'idea proudhoniana di "art pour la société" era divenuta fonte contraffatta di ipocriti umanitarismi e pietistiche meditazioni, rifiutando nettamente la grande idea romantica (di Delacroix, dei Goncourt, di Courbet) che definiva l'arte come totalità etico-conoscitiva.

Questo viaggio a Parigi, avvenuto ancora all'apice e forse a conclusione dei più ferventi anni di esperienze macchiaiole, si pone nella storia della pittura fiorentina dell'Ottocento come punto di partenza per una sorta di esame di coscienza, o meglio di controllo attivo, che nel giro di dieci anni doveva mutare radicalmente in quasi tutti i protagonisti non solo i modi della sperimentazione, ma la coscienza del loro far pittura.

Nel 1874, in un articolo apparso ne *Il Risorgimento*, Signorini scriveva: «... Così verso il 1862 questa ricerca artistica (la macchia, n.d.a.) che aveva fatto il suo tempo morì senza onor di sepoltura lasciando ai posteri un soprannome bernesco fiorentino». Il discorso è rivelatore: definiti infatti «sperimentali» gli anni della macchia con le loro esperienze positive e «realiste», lo stesso Signorini indica negli anni dopo il 1862 l'inizio di una ricerca «secondo natura» mediata per questo dai grandi pittori quattrocenteschi (Lippi, Benozzo, Carpaccio), quasi gli stessi pittori sopra i quali proprio in quegli anni si andava definendo il concetto di "Naturalismus" degli storici viennesi.

Gli anni Sessanta, dunque, si devono vedere come l'unico momento in cui insorge netta in questi artisti (isolatamente in Fattori, con rapporto relativamente dialettico in Signorini, Lega, Sernesi, Borrani e poi Cecioni) la coscienza della necessità di far

Giuseppe De Nittis,
*La traversata
degli Appennini*
(1866).
Napoli, Museo
di Capodimonte.

scaturire dai processi di assestamento e di attiva negazione degli anni precedenti una lingua pittorica nazionale, adatta alla coscienza della nuova borghesia dell'Italia unita e in essa funzionante in una sua dialettica perfino polemica con l'antico.

Finalmente gli "antichi", che negli anni del suo viaggio a Venezia sembravano a Signorini ormai privati di favella in una società che stava perdendo anche i valori storici specifici del linguaggio parlato, potevano ritrovare senso in questa loro mediazione "naturale", in questa sincerità lessicale e visiva, in questo peso esatto, nettissimo, delle sensazioni e dei sentimenti che sembrava unire il borghese terriero fiorentino con l'antico borghese terriero e bancario del Quattrocento.

In questi anni, dunque, se Fattori raggiungerà forse i livelli massimi della sua parlata breve ma di originalità assoluta, se Lega (con opere come *Il canto dello stornello* o *La visita*) segnerà il punto più alto di questa coscienza storica mediata sull'antico, sarà proprio Signorini, più disponibile alle avventure culturali e sensibilissimo alle mutazioni di livelli della società committente, ad assumere una fisionomia di guida, ufficializzata dai suoi scritti e dalla sua polemica attiva sul *Gazzettino delle arti* (l'organo dei non più giovanissimi artisti fiorentini).

È singolare che in questi stessi anni Signorini inizi la stesura della *Sala delle agitate nel manicomio di San Bonifacio*, il suo primo quadro oggettivamente di sentore naturalista e di impegno umanitario, opera che, nella sua complessa struttura, obbliga il pittore a un continuo ricorso metrico agli "antichi". È questo una

Dopo essere
stato espulso
per indisciplina
dall'Accademia
di Napoli nel 1863,
De Nittis aderì alla
Scuola di Resina
insieme con Cecioni,
De Gregorio
e Rossano.
Fu poi introdotto
nell'ambiente
dei macchiaioli
a Firenze nel 1867.
Trasferitosi a Parigi,
partecipò alla prima
mostra
degli impressionisti,
nello studio
del fotografo Nadar,
nel 1874 e la sua casa
fu luogo d'incontro
di scrittori e artisti
francesi (Manet,
Degas, Zola,
i fratelli
Goncourt) e di artisti
italiani, fra cui
Boldini, D'Ancona,
De Tivoli.

A destra:
Telemaco Signorini,
*La sala delle agitate
nel manicomio
di San Bonifacio* (1865).
Venezia, Galleria
d'arte moderna
di Ca' Pesaro.

sorta di quadro "civile" ricco di una sua ufficialità di contenuti che Signorini ripropone (con una titubanza che farà ritardare di anni l'esecuzione) alla rinnovata storia d'Italia al posto dei contenuti di convenzione civile, religiosa e perfino storica sopravvissuti sino alla decadenza del Romanticismo. D'altra parte il clima culturale, anche quello del *Gazzettino*, rendeva possibile tale operazione. Lo sforzo di aggiornamento compiuto sulla rivista sia da Diego Martelli, sia dallo stesso Signorini, appare già da ora ufficializzato: proprio dal *Gazzettino* nasce e si ufficializza l'estetica di quella schiera di giovani (Cannicci, Ferroni, Francesco Gioli, Bruzzi), spesso ricchissimi di "doti naturali" ma a cui toccò di compiere nel gruppo macchiaiolo quello stesso processo di depotenziamento in senso medioborghese che, in Francia, Sylvestre rimproverava a Decamps nei rispetti dei pittori di Barbizon.

Alla Promotrice del 1867, Giovanni Boldini espone per la prima volta a Firenze alcuni di quei piccoli ritratti (certamente il cosiddetto *Conoscitore di stampe*) che determineranno un episodio nodale negli assestamenti e nelle dubitazioni della già incanutita coscienza macchiaiola. Sono piccoli ritratti di amici e colleghi, colti con rapidità di taglio ed esattezza di pennellata nel loro ambiente di casa o di lavoro.

Un tipo di ritratto che a Firenze costituiva una novità per lo meno relativa. Infatti, l'anno precedente (1866) era tornato in città Cecioni, attivo fino ad allora a Napoli nella cosiddetta "Scuola di Resina" (ne facevano parte Rossano, De Nittis e l'affine De Gregorio). Nata da una costola dell'olandesismo alla Pitloo,

Il dipinto rivela l'inclinazione di Signorini verso un naturalismo che suscitò aspre critiche. Giacosa scrisse che «la sala delle agitate al manicomio di Firenze è un quadro che vi mette indosso i brividi della paura. È un quadro che non mi piace, ma che esercita le spaventose attrazioni dell'abisso e che rivela nell'autore una giustezza e una robustezza quale a pochi è dato di raggiungere». L'opera venne apprezzata da Degas che, durante un soggiorno a Firenze nel 1875, la vide nello studio dell'artista.

Telemaco Signorini,
Novembre (1870).
Venezia, Galleria
d'arte moderna
di Ca' Pesaro.

questa presentava l'interno cosiddetto "all'olandese" con accluso o meno il ritratto, che spesso si poneva in diretto rapporto con gli oggetti. Cecioni stesso ne darà, appena tornato a Firenze, una geniale interpretazione. Questa radice "napoletana" (forse anche un riferimento al minuzioso descrittivismo degli Induno) e una revisione sui classici di Villa Demidoff e degli Uffizi, aggiunte alla straordinaria capacità che Boldini ebbe di captare un'immagine destinata a divenire "di consumo", sembrano sufficienti per spiegare questa nuova cadenza, che costituirà in ambiente fiorentino il sintomo principale di una modificazione dei problemi della visione in senso "internazionale" o, più esattamente, "naturalista". Il taglio boldiniano definisce fotogrammi entro i quali si svolge un evento soprattutto psicologico. La posa è molla primaria per la lettura del carattere e per la definizione della sintassi che segna l'ambiente; l'identità tra la descrizione della fisionomia e lo spazio contenente è già quello del Boldini degli anni di Parigi.

Questa novità di impianto non dispiacque affatto a Signorini; più problematica è la sua influenza recentemente ipotizzata su Abbati e Fattori.

Nello stesso 1867, Giuseppe de Nittis arrivò da Napoli. I quadri esposti dal giovane pugliese (*Nevicata* e *Diligenza in tempo di pioggia*, bozzetto o variante del quadro oggi a Capodimonte) avevano l'abilità di proporre in una perfetta equazione sul "vero" le tensioni ottiche e descrittive che il pittore mutuava dai grandi esempi d'Olanda (Van Goyen, Van Ruysdael), a lui familiari per educazione.

L'effetto immediato si ebbe, per quanto riguarda Signorini, nell'esecuzione di uno dei suoi quadri più belli, *Novembre*, esposto alla Promotrice del 1870. Bisognerà tener conto di questo primo

Il dipinto fu esposto alla Promotrice del 1870 e documenta l'interesse che Signorini dimostrò nei confronti delle opere di Giuseppe De Nittis, giunto a Firenze nel 1867. Anche nelle successive immagini di "strade fiorentine" Signorini terrà presenti i risultati dell'artista barlettano.

Telemaco Signorini,
Aspettando (1867).

Il dipinto fu esposto
nel 1867 e in un testo
di Arrigo Boito
ne è narrata la genesi:
«Stava un giorno
al cavalletto
dipingendo
un episodio
della battaglia
di Solferino,
e v'era nella stanza
una signora
sua conoscente.
La signora guardava
dei disegni
in una grande cartella
sotto la finestra,
quand'ecco la cartella
cadendo, le gira
le pieghe dell'abito
così da farne nascere
una bella e curiosa
linea di figure.
Il pittore prega
la signora di stare
un poco immobile,
raschia la tela,
la gira nel senso
dell'altezza e traccia
i primi segni
di un nuovo quadro,
che in poco più
di una settimana
era finito.
Fu esposto e lodato
e comprato dalla
Società Promotrice:
e veramente, così
nella donna vestita
di seta nera
e in cappellino
di velluto celeste,
come nel fondo,
dove sulla tappezzeria
rossa a grandi fiorami
stanno quadri
antichi e nuovi
d'ogni dimensione
in cornici
d'ogni forma,
la realtà si acconcia
allo spigliato garbo
dell'arte».

rapporto tra i due pittori per capire a fondo quell'interesse che, anni dopo, Signorini dimostrerà per le opere dell'amico barletta-no, per quelle visioni di città fondamentali nell'elaborazione della stessa "poetica" delle sue "strade fiorentine".

Boldini, nel frattempo recatosi a Parigi e a Londra in compagnia di Banti, torna a Firenze ed esegue fra l'altro quel *Ritratto della signora Donegani* che, con un occhio alla pittura mondana alla Tissot e un occhio alla "compostezza" medioborghese dei ritratti alla moda d'Olanda, definisce, con due celebra-

Cristiano Banti,
Alaide in giardino
(1867 ca.).
Firenze, Galleria
d'arte moderna
di Palazzo Pitti.

Boldini si trasferì
a Firenze nel 1862
e iniziò a frequentare
i pittori macchiaioli
al Caffè
Michelangiolo.
Fu legato da grande

amicizia a Signorini
e soprattutto a Banti,
che lo ospitò spesso
nei suoi possedimenti
in campagna.
Insieme, Banti
e Boldini andarono

a Napoli nel 1866.
L'anno successivo
Boldini espose
per la prima volta
alla Promotrice
di Firenze e nel 1871
si trasferì a Parigi.

Giovanni Boldini,
Alaide Banti convalescente
(1864 ca.).
intero e particolare.
Firenze, Galleria
d'arte moderna
di Palazzo Pitti.

tissimi quadri di Signorini (*Aspettando* e *La lettera*), la fase acuta di quel rinnovamento naturalistico della pittura fiorentina.

Questa "medietas" culturale, educata su quanto di più aggiornato avveniva nei "salon" parigini e attenta a evitarne gli scadimenti d'eccesso illustrativo alla Meissonier (la bestia nera dei recensori del *Gazzettino*), determinerà un marcato clima involutivo. Questo, sommandosi alle cocenti delusioni etico-politiche di vecchi liberali (Fattori e Lega innanzi tutti), sarà causa del dissolvimento di quel clima unitario di azione che aveva resi attivamente dialettici anche i più netti contrasti caratteriali e linguistici sino a tutti gli anni Sessanta. Cecioni, sulla *Rivista artistica* del 1869, recensendo una mostra alla "Società d'incoraggiamento", avrà riserve su Signorini, Fattori e Lega (che esponeva *La visita*!) e indicherà nel quadro *Le trecciaiole* di Egisto Ferroni il testo più aggiornato e promettente della pittura toscana; il "caratteristico" prevale sul "vero" soprattutto se, come nel caso di Fattori, il "vero" era sinonimo di evento conoscitivo elementare e a volte sgradevole.

È abbastanza singolare che il primo a percepire l'esatto peso di questi cambiamenti e ad accogliere le novità di Boldini e di Signorini fosse proprio Borrani, dotato di straordinarie qualità narrative anche trasfiguranti, ma che da ora dimostra una natura ambigua, facile alle concessioni al gusto medio di una committenza abbastanza sprovveduta. L'autore delle *Crestaie di Firenze* e delle *Cucitrici di camicie rosse* diverrà negli anni della sua piena e tarda maturità pittore ripetitivo, attento alle mode ottiche signoriniane e privo di attive mutazioni e maturazioni. Già nel 1867, in opere come *La veglia*, si accentua il processo di definizione di un'aura verista incerta tra la notazione naturale e il riferimento metaforico. *L'analfabeta*, dipinta due anni dopo il *Canto dello stornello* di Lega e *Aspettando* e *La lettera* di Signorini, è evidentemente il risultato della rimeditazione su questi tre quadri. Vi si raggiunge un vero e proprio stato di indugio, di contemplazione ottica che si innerva e rinsangua nel "sentimento" del racconto pittorico. Il tocco-luce si posa sugli oggetti con una qualità vermeeriana, riaprendo il problema per ora abbastanza insolubile della conoscenza da parte dei pittori fiorentini dell'artista olandese (riportato alla notorietà nel 1866 dalla monografia del Burger).

Ma già in opere eseguite immediatamente dopo, come *Giochi in famiglia*, *Ritratto di bambino*, *La prima moglie*, l'indubbia qualità pittorica cede a una sorta di sovrimpressione visivo-narrativa che definisce il "carattere" della scena a scapito della qualità dell'immagine. Bisogna tuttavia riconoscere che, in questi anni intorno al 1870, il cedimento borraniano si mantiene sempre dentro una "qualità" che, insieme all'iperbole intellettualistica di Cecioni pittore, si colloca ai vertici di una stagione ambigua ma ancora ricca di risultati imprevedibili.

Il problema dell'attività pittorica di Cecioni, d'altra parte, è ancora lontano dall'essere ricostruito e chiarito. Scrittore nevrotico, di fragile cultura e di polemica corta e prevedibile, e scultore interessante, fu pittore straordinario proprio in questa vena, se si vuole "minore", della stagione macchiaiola. La sua educazione a Napoli (dove fece parte del sodalizio della Scuola di Resina) pesò di certo sopra il carattere anomalo di un dipingere che spesso finge una "naiveté" che è ben lungi dall'essere reale. Quadri come *Gioco interrotto*, *Ragazzi che lavorano l'alabastro*, *La zia Erminia* hanno caratteri "mentali" che sembrano spostare l'acribia ottica di Borrani verso risultati di inquietudine visionaria ben lontani dall'impacciata ironia che gli è sempre stata attribuita.

Lo spazio di Cecioni è un palcoscenico mentale sottoposto a una costante alterazione dei rapporti con il vero; tale alterazione è ottenuta o attraverso sfalsamenti prospettici repentini, o attraver-

Cristiano Banti,
*Tre contadine
con alberi* (1875 ca.).
Firenze, Galleria
d'arte moderna
di Palazzo Pitti.

È uno dei dipinti
in cui sono
più evidenti
le propensioni
di Banti verso
l'arte francese
di Millet, Harpignies,
Breton e Corot
e verso la poetica
preraffaellita.

so l'inserimento nel loro percorso di figure senza dimensione misurabile, ribattute da ombre a sostegno o dalla riduzione della fisionomia a una stralunata sigla formale. Questa breve e ancor poco nota attività cecioniana è uno dei rovelli più inquietanti degli anni pittorici fiorentini intorno al 1870, proprio per l'imprevisto capovolgimento che in essi si opera dei valori in uso.

Il rapporto Signorini-Borrani-Cecioni sarà dunque una sorta di nodo che sbalza su respiro diverso e affaticato un'esperienza di linguaggio tenuta per pochi anni, sia a Castiglioncello che a Firenze, dentro parametri "giusti", anche se apparentemente limitati. Il riferimento al vero come approdo morale, definizione di misura e quindi di lessico, è in piena crisi. I ragionamenti lussuosi di Signorini, gli eccessi ottici di Borrani, il tentativo di afasia di Cecioni sono alterità che, facilmente fraintendibili, costeranno alla "nuova scuola" una reale perdita di identità. Fattori non cederà mai a questi problemi estranei al suo breve ma serratissimo mondo di ricerca. Lega dovrà dubitare quattro o cinque anni prima di concedersi a questa mutazione, e ciò avverrà nella seconda redazione di *Le bambine che fanno le signore* (1872), opera originariamente eseguita due anni prima. In questa relativa e provvisoria mutazione dello stile leghiano ha peso anche il ritorno a Firenze di Vito D'Ancona, che, riportando da Parigi alcune telette eseguite negli anni immediatamente precedenti, dette agli amici toscani un saggio di quanto si faceva in Francia nell'ambito della pittura derivata dagli esempi aulici di Flandrin o di Chasseriau. Anche tenendo conto del consenso che esse ebbero certamente presso gli amici fiorentini, è da preferire la sensibilissima invenzione narrativa di opere come *Nello studio*, *Al pianoforte*, *La finestra sul pomaio* o di quel capolavoro che è la *Signora in conversazione*. Questa qualità pittorica di D'Ancona certamente pesò sulla modificazione dello stile leghiano di questi anni più del puntiglio ottico di Borrani e dell'estroflessa eleganza di Signorini; modificazione che, come sempre in Lega, avvenne dopo lunghe dubitazioni e addirittura attraverso il rifacimento di un quadro precedente. La seconda edizione de *Le bambine che fanno le signore*, infatti, può essere una vera e propria dimostrazione della fine dello "spirito di Piagentina". La scatola prospettica del primo quadro entro la quale, nel filtro astraente della luce, avveniva il cerimoniale dei gesti, si apre nel secondo con l'eliminazione della parete di destra. Questa trasformazione di Lega può sorprendere: eseguiti da pochi mesi capolavori come *Meriggio in villa* e *Monte alle croci* (nel quale l'equilibrio nella notazione del racconto figurato era perfetto), ora Lega spezza questa sua dote generante e conserva nel suo fare un surplus psicologico e descrittivo che ritornerà ad affiorare saltuariamente sino ai suoi ultimi tempi.

Del resto, pur dovendo egli ancora attraversare una stagione felicissima come quella degli anni di Bellariva (in cui di tali difetti scompare quasi la traccia), non si può negare che da ora in poi sarà presente in lui la disponibilità a una serie di modi esecutivi e lessicali di tipo naturalistico, con sfarzose doti pittoriche annesse, saltuariamente costante sino addirittura agli anni ultimi di semicecità: lo dimostrano opere pur pregevoli come *La madre* o la *La lezione della nonna*.

Anche Cristiano Banti (presente nel viaggio parigino del 1861 e, negli anni tra il 1865 e il 1870, amico di Fontanesi, che sarà ospite nella sua villa toscana) participa a questo clima "internazionale" con nette propensioni francesi, meditando modi e temi di Millet, Harpignies, Breton e soprattutto di Corot, che rimarrà suo riferimento crescente fino agli anni Ottanta. Ricorderemo quadri come *Ritorno dalla messa*, *Tre contadine in piedi*, *Confidenze*, e quel piccolo capolavoro che è il *Ritratto della figlia Alaide*, in cui sono vive e presenti anche le sue propensioni verso l'Inghilterra preraffaellita.

Il dipinto fu esposto alla Promotrice fiorentina del 1884, secondo quanto risulta da una recensione di Signorini.

Gli ultimi anni di Lega e Signorini

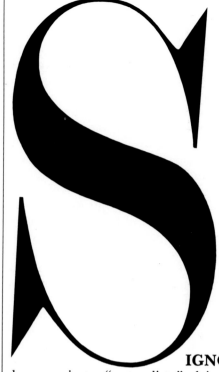

Silvestro Lega, *Ritratto di Eleonora Tommasi* (1885 ca.), particolare.

Silvestro Lega fu particolarmente legato alla famiglia di un suo giovane allievo, Adolfo Tommasi. Spesso fu ospite dello zio paterno di Adolfo a Bellariva, sull'Arno, nei pressi della zona di Piagentina. Anche i cugini di Adolfo, Angiolino e Ludovico, erano pittori. Eleonora, raffigurata all'età di circa venti anni, era la sorella di questi ultimi.

IGNORINI, SUBITO DOPO la sua virata "naturalista" dei grandi quadri di interno con figure, nei primi anni Settanta giunge a risultati particolarmente notevoli. Realizza un quadro bellissimo, *Il muro bianco*, chiuso in una puntigliosità ottica che forse stabilisce un rapporto "a freddo" con il soggetto, ma che si porrà in altri quadri successivi come elemento generante di una visione misurata e trattenuta ancora al di qua della registrazione descrittiva.

Sono questi gli anni in cui il pittore, alla ricerca non solo di una nuova dimensione culturale ma anche di nuovi e più proficui sbocchi di mercato, frequenta spesso a Parigi gli amici Boldini e De Nittis: soprattutto su esempio di quest'ultimo elabora quell'idea di paesaggio urbano che diverrà nei decenni a venire il suo "genere" di maggior successo. I risultati sono spesso di eccezionale qualità, ma il "passo" del pittore rimarrà fermo e anzi, alla fine degli anni Settanta, in opere come *Una via di Ravenna* e la prima versione del *Ponte Vecchio*, accentueranno ancora la frattura tra l'intensità della visione e quell'eccesso decrittivo presente da sempre nel suo fare.

D'altra parte, questa prolungata incapacità di rinnovamento coincide con un momento di generale flessione della vita culturale fiorentina (e, per altri versi, italiana). Sono questi gli anni in cui a Firenze appare ormai definitivamente perduta quella coscienza di continuità culturale che era patrimonio specifico dei nostri pittori sino al 1870. Morti Abbati e Sernesi, ormai definitivamente in Francia Boldini, De Nittis, De Tivoli e Zandomeneghi, tornato dalla Francia D'Ancona (ormai incapace di svolgere il suo raffinato discorso internazionale), i maggiori tra i sopravvissuti sembrano dubitare della propria realtà storica.

Lega tacerà per quattro anni, iniziando, con la morte di Virginia Batelli, quel periodo di violente tensioni interiori e psichiche, di crisi morali e fisiche che lo segnerà sino agli ultimi anni.

Anche la fortissima personalità di Fattori, dopo i capolavori dipinti agli inizi del 1870, mostrerà in questi anni una notevole inquietudine. Si potrebbe vedere, in alcune tavolette da lui dipinte nel 1875 e subito dopo, una concessione a quest'aura mondana di gusto internazionale a cui partecipavano i suoi colleghi fiorentini. Sono di questo tipo i quadretti dipinti a

Fauglia (dov'era ospite della famiglia Gioli), come *Vallospoli* e la *Signora in giardino*, nei quali traspare un agio e una puntualità nelle notazioni di racconto dal vero inconsueti in Fattori.

Ospite anch'egli dei Gioli a Fauglia e poi dei Tommasi (agiati livornesi residenti alla Bellariva di Firenze), Lega nel 1878 ricomincia a dipingere. È di questo periodo un noto scritto di Diego Martelli che indica nel nuovo stile di Lega una componente "impressionista": abbastanza singolare, se si pensa a come il pittore non avesse mai messo piede fuori di Firenze. Tale interesse potrebbe essere stato mediato dal suo allievo e amico Adolfo Tommasi, che in quei mesi lo aveva presentato alla famiglia degli zii, i cui due figli, Angiolo e Lodovico, diverranno suoi allievi e, in un primo momento, addirittura suoi adepti.

A partire dagli splendidi ritratti *Lo scultore Carnielo*, *Francesco Gioli* e *Luigi Tommasi*, il linguaggio leghiano si andrà sempre più raffinando, culminando in quei capolavori che sono *In giardino* e *Ritratto di Eleonora Tommasi*. Si tratta in effetti di un processo "intenso di rinnovamento". La consueta leggera frattura tra impianto disegnativo dell'opera e sua realizzazione pittorica è finalmente saldata. Ciò che maggiormente seduce in queste opere è la perfetta coincidenza che tali immagini hanno con il periodo storico in cui vengono realizzate.

La qualità, il peso e l'importanza che l'amicizia di Luigi e Adele Tommasi e dei loro figli ebbe per il nostro pittore sono note. Lega, reduce dalla profonda crisi nervosa che addirittura gli impediva di dipingere, trovò nei Tommasi una sorta di alveo familiare non così coinvolgente come quello dei Batelli, ma sufficientemente vivo perché egli potesse trovare nuovo equilibrio. Ne sortì perfino una rinata forza polemica che lo vide a capo, per lo meno nelle discussioni, di quella nuova schiera di giovani pittori toscani (da Nomellini a Kienerk ad Angiolo e Lodovico Tommasi) che, incerti ancora tra tradizione, riforme naturalistiche e orecchiamenti impressionisti, tentavano di ridar vita al sopore e al conformismo culturale della capitale toscana.

Fra Bellariva, Fauglia e Crespina (località vicino Pisa dove avevan ville stagionali i Tommasi e i Gioli), con sempre più numerose soste al Gabbro, vicino Livorno, ospite della contessa Bandini, Lega trascorre gli ultimi anni della sua vita, incapace nella sua inquietudine di uomo solo di trovare concentrazione creativa al di fuori di un nucleo di affetti che difendesse la sua fragile sensibilità. Questi ultimi anni (poco più di un decennio) ci appaiono sempre più segnati da un'urgenza emotiva che spesso si equilibra in opere straordinarie, rimanendo invece altre volte ai margini di una sovreccitazione ottica ed emotiva che rischia di sfociare nel descrittivo caratteristico. Tele come *Sul prato*, che raffigura Eleonora Tommasi nella sua villa di San Prugnano, presentano un rapporto tra notazione narrativa, intensità emotiva e risalto luminoso del tessuto coloristico veramente esemplare.

Questo preciso riscontro tra il peso della pennellata, la sua qualità tonale e la cadenza compositiva appare come il metro segreto del totale visivo-sentimentale che definisce l'ultima stagione leghiana. Esso può avere in questi anni dopo il 1885 una variata scala di cadenze, fortemente legata anche al clima ottico dei luoghi. I paesaggi del Gabbro, tra Castelnuovo della Misericordia e Castiglioncello, dove Lega si recava sempre più spesso ospite dei Bandini, rispetto a Bellariva e Crespina hanno una luce più ampia. In questa luce, la vista ormai alterata del pittore riesce a individuare un clima particolare che sottende tutte le tele di maggior livello. La vastità dei paesaggi si apre in un risalto a volte frammentato da una sorta di risentita stenografia, come se lo sforzo ottico per rinsaldare i volumi causasse quasi delle smagliature di retina entro le quali la pennellata d'ombra ribatte

Silvestro Lega,
*Alla villa
di Poggio piano*
(1890 ca.).

le macchie di sole. Come nei bellissimi *Pagliai al sole*, nel *Paesaggio del Gabbro*, nella mirabile tavoletta *Alla villa di Poggio piano*, variata sulla dominante orizzontale della siepe.

Il rapporto figura-ambiente (il medesimo che caratterizzava le opere degli anni Sessanta) ha un'improvvisa, rinnovata messa a fuoco in quello che forse è il capolavoro di quegli anni leghiani: il ritratto di gruppo *Clementina Bandini e le figlie*. Bisogna risalire al *Canto dello stornello* per trovare in Lega un nodo di trazione ottica di uguale complessità. Qui, la maturazione grammaticale avvenuta subito dopo il 1870, risolvendo il disegno nel peso della stessa pennellata, stringe i nodi della frase con una ammagliatura in crescendo; la messa a fuoco centrale, la croce di Sant'Andrea, il rapporto delle fisionomie di profilo e di faccia, l'alleggerimento di peso dal basso verso l'alto, tutti gli elementi della sintassi di tradizione trovano un senso nuovo divenendo dialettici a una pennellata sensibile nelle partiture d'ombra e di luce, nelle ammagliature di due colori o di due contrasti.

La complessità di quest'opera precisa tutta la tenuta e la capacità di interiore ricambio che l'attività di Lega possiede sino ai suoi ultimi anni. Del resto, alcuni quadri eseguiti poco prima della morte (*L'attesa*, e soprattutto *Lo scialle rosa*) confermano una vitalità inesausta e una straordinaria "tenuta" storica. Nell'ultimo decennio del secolo le opere del vecchio macchiaiolo, dell'uomo povero e sofferente, trovano agio completo nel panorama della pittura europea molto oltre gli aggiornati sperimentalismi e le civetterie dei suoi più giovani allievi e amici.

Tanto sensibile e teso alla ricerca di un nuovo equilibrio è l'ultimo percorso leghiano, quanto effusivo in un'unica direzione (quella del totale risalto ottico delle immagini) è il lavoro degli ultimi decenni di Signorini. Se Lega passò per il caposcuola dei giovani più o meno riformati dal Naturalismo e poi, o quasi contemporaneamente, dall'Impressionismo, in effetti i suoi pochi diretti seguaci non colgono del maestro se non la radice di un pittoricismo fortemente arricchito. Molto più evidente, anche se superficiale, è l'incidenza su di essi della pittura signoriniana degli ultimi decenni che da Signorini passerà ad alcuni dei

La villa sorge nei pressi del Gabbro e Lega vi fu spesso ospite di Clementina Bandini. Nel dipinto sono probabilmente raffigurate due figlie del conte Bandini, a cui Lega impartì i primi insegnamenti di pittura.

Telemaco Signorini,
La toilette del mattino
(1898).

giovani più dotati: Nomellini e soprattutto Ulvi Liegi, amico e ammiratore di Lega e di Fattori.

Che per molti giovani fosse più facile cogliere il senso dell'ottica affermativa di Signorini piuttosto che quello della perenne crisi leghiana è un fatto che non può stupire. Intorno agli anni Ottanta, infatti, il pittore fiorentino pare aver concluso quel processo di ricerche che, dopo l'affermazione della macchia, lo aveva visto accostarsi prima al naturalismo mondano alla Stevens e poi, attraverso un suo avvicinamento alle tecniche ottiche degli amici De Nittis e Boldini, definire una sua particolare immagine. Un'immagine di fitta dinamica descrittiva nella quale la relativa libertà dell'inquadratura e degli spostamenti dei punti di ripresa dimostra una notevole attenzione alle modificazioni sintattiche, ai "giapponesismi" di aura francese, pur non mutando le griglie strutturali di origine accademica.

In effetti Signorini, tralasciando definitivamente il "mondanismo" anni Settanta (caduto in mano di pittori piacevolmente accomodanti, come Vinea, o di maestri del ritratto alla francese, come Michele Gordigiani), aveva acquisito ormai una serie di prerogative di ufficialità; prima fra tutte, quella di pittore delle strade fiorentine, che doveva giocargli come carta di credito presso una clientela internazionale non solo francese, ma soprattutto inglese, per la quale il mito di Firenze era ancora acuto, seppure appena sceso dai piedistalli preraffaelliti.

Facendo salvi alcuni risultati a volte ancora pittoricamente superbi, dopo il 1880 l'inquietudine mentale di Signorini si attenua, e rimane in lui una brulicante inquietudine ottica legata alle occasioni naturali, in un tentativo anche funzionale di trasformazione della macchia, spesso ridotta a traccia fotograficamente labile, in un impulso visivo. Il risalto della pellicola colore-luce si tende sulla tela logorando quella "profondità" di elabora-

Il dipinto è uno degli ultimi realizzati dall'artista e raffigura il momento del risveglio in un bordello di via Lontanmorti, al centro di Firenze.

zione pittorica e di risonanza emotiva che in Signorini era stata del resto sempre abbastanza esigua.

Per questa ragione Signorini ha necessità di mutare continuamente climi ottici: le strade di Edimburgo, poi quelle di Firenze, le colline luminose di Fiesole e di Settignano, l'Appennino di luci profonde a Pietramala, l'ottica marina aggressiva di Riomaggiore e poi quella più distesa dell'Elba: sono cambiamenti oggettivi che suscitano mutamenti anche formali.

Passando gli anni, e diminuendo l'ictus della sensibilità, Signorini ricerca ambienti visivamente sempre più eccitati o nella maglia della stesura narrativa (come nelle varie redazioni del *Mercato vecchio a Firenze*) o nell'accumularsi del potenziale luminoso. In questo senso sono esemplari i quadri dipinti a Riomaggiore, in quelle Cinque terre che erano state approdo giovanile quando la sperimentazione della macchia imponeva la necessità di una luce naturale molto più accentuata di quella che poteva offrire il filtro dei verdi della campagna fiorentina: tra i tanti, *Tetti a Riomaggiore* (Galleria d'arte moderna di Firenze), *Chiacchiere a Riomaggiore* e quel *Ponte a Riomaggiore* che è forse l'opera più complessa ed equilibrata dell'intero percorso.

È poi noto come in questi anni intorno al 1887 anche la vista di Signorini (sebbene molto meno drammaticamente di quanto non avvenisse per Lega) cominciasse a declinare. In effetti, il rapporto di Signorini con il dato ottico non subisce sostanziali modificazioni, se si eccettua l'accentuazione dei toni caldi che in alcune opere, soprattutto di vastità panoramica, sembra volersi definire in una accordatura finale di intense dorature.

Questa declinazione è particolarmente evidente in alcune tele dipinte all'Isola d'Elba. In un suo primo soggiorno sull'isola, Signorini eseguì una tavoletta con un appunto d'interno del *Carcere di Portoferraio*, che, rielaborata di lì a sei anni, diverrà una delle sue opere più celebri: *Bagno penale a Portoferraio*.

Quest'opera, con la *Sala delle agitate* e con il quasi contemporaneo *La toilette del mattino*, si suole unire in un ideale gruppo naturalista-umanitario che scandirebbe a decenni di distanza l'attività signoriniana. Il manicomio, il carcere e il bordello erano infatti i luoghi deputati di tanta letteratura naturalista e tardonaturalista, e soprattutto erano per eccellenza i tre luoghi "proibiti" della coscienza borghese d'allora.

Se, d'altra parte, *La sala delle agitate* (e in parte anche *Bagno penale*) conserva per lo meno nel trattamento del soggetto una dedizione emotiva partecipe degli eventi descritti, ben difficile sarebbe trovare la medesima partecipazione nella superba eleganza descrittiva della *Toilette del mattino*. *Bagno penale*, dunque, può idealmente allacciarsi a quell'aria populista e protestataria con venature anarchiche che proprio in quegli anni l'amico Nomellini esercitava in opere come *La diana del lavoro* e *Piazza Caricamento a Genova*, gemella, se non immediatamente precedente, del famosissimo *Quarto stato* di Pellizza.

La toilette del mattino, descrizione appuntita di una mattinata in una celebre "casa" di via Lontanmorti, si qualifica soprattutto come opera di complessi fascini descrittivi. Come si sarebbe detto un tempo, è uno splendido brano di pittura, forse il più complesso che Signorini abbia elaborato con un occhio alla tradizione prospettico-compositiva e l'altro attentissimo alle novità di Francia: alcuni particolari, e anche l'intero primo piano della donna di spalle, hanno quasi un sapore "nabis".

Signorini, è evidente, non potrà mai partecipare alla visualità di nascita e derivazione impressionista (pur da lui corteggiata) sinché condividerà quelle regole sintattiche toscane che pure la nuova ottica fotografica aveva accettato. È un suo limite, ma forse anche il suo maggior punto di coerenza.

Gli ultimi anni di Fattori

Giovanni Fattori, *Autoritratto* (1894).

Il dipinto raffigura l'artista all'età di circa settanta anni.

IN DALL'INIZIO DEGLI anni Settanta, la vera e propria "etica" macchiaiola era divenuta una memoria alla quale probabilmente credeva soltanto Diego Martelli; una memoria neppure tanto consacrata, se di lì a poco l'Uzielli, vecchio amico e compagno di viaggio, scrivendo su Cecioni dopo la sua morte, non riuscirà a trovare tra tutti i macchiaioli uno che si sollevasse dalla media.

Nel libro memoriale di Signorini, *Caricaturisti e caricaturati*, balza agli occhi il poco conto in cui viene tenuta in quegli anni la figura di Giovanni Fattori. Questo è chiaro indice non solo della scarsa simpatia che da sempre era corsa tra i due, ma anche di un'opinione diffusa che Signorini trascriveva non senza una punta di compiacimento. Del resto, la grande vera amicizia che per Fattori ebbe Diego Martelli, seppure sostenuta da una netta stima per la sua opera, ci appare dalla loro fitta corrispondenza soprattutto una simpatia tra galantuomini. Non ci risulta infatti che Martelli replicasse alla ben nota lettera inviatagli da Zandomeneghi nel 1875, in cui il medesimo si esprime in questi termini: «La pittura di Fattori non esiste sotto nessun punto di vista, né come mestiere né come arte. È una pittura triste come la fame e rivela un'ignoranza assoluta in chi l'ha commessa...».

Sembra chiaro che l'insuccesso di Fattori, il suo essere considerato di limitata cultura o addirittura fuori della cultura medesima, la sua povertà tecnica e l'«ignoranza assoluta» di cui parla Zandomeneghi, vanno intese chiaramente in riferimento a quell'ambiguo clima di mode culturali che dalla metà degli anni Settanta in poi aveva livellato l'Europa sui gusti della media borghesia, incerta tra cascami naturalistici e novità impressioni-·ste. Ai primi, col suo ingegno rapinoso, si era adattato Signorini; alle seconde, con straordinaria adesione naturale, si era a suo modo avvicinato Lega.

Fattori, invece, non era stato toccato da tutto ciò. Stima ed è amico — anzi a volte maestro — dei giovani "à la page" come Francesco Gioli: con lui e con Ferroni si reca nel 1875 a Parigi, guarda con interesse i vecchi pittori di Barbizon e ritorna al suo "hortus conclusus" di temi "monotoni", dai quali veniva ogni tanto a tirarlo fuori la provvidenza delle commissioni, soprattutto di quadroni e quadretti militari, "genere" nel quale gli era riconosciuta la supremazia.

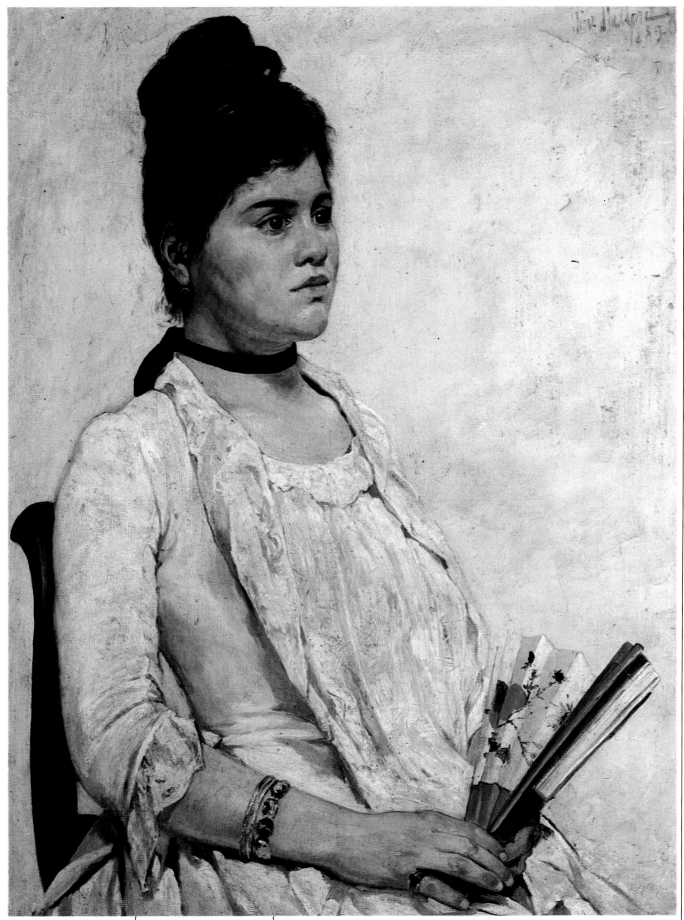

Giovanni Fattori,
Ritratto della figliastra
(1889).

Firenze, Galleria
d'arte moderna
di Palazzo Pitti.

Giovanni Fattori,
Mercato a San Godenzo
(1880 ca.).
Firenze, Galleria
d'arte moderna
di Palazzo Pitti.

Se dunque Fattori accetta a parole — o a silenzi — il naturalismo riformato, di fatto continua per la sua strada, sfidando la mancanza di successo che circondava il suo dipingere. Malgrado le arrabbiature con i suoi allievi "impressionisti", il Fattori "nero" degli anni Novanta, così amato dalla critica, esiste in qualche opera marginale e in molti sfoghi programmatici. Il suo pessimismo, anche quando è reale, è sempre un pessimismo attivo ed egli, pur sentendo in maniera cocente le grandi delusioni, le accetta come conseguenza di scelte inderogabili. È un carattere vivido, addirittura gioviale, sempre intricato tra le donne non con la passività quasi necrofila di Lega, ma con entusiasmi giovanili che gli permetteranno di risposarsi, vecchio, per la terza volta.

Certamente, nelle sue scelte artistiche e umane, fu sempre un anticonvenzionale. Ne è un esempio la sua relazione con la giovane ungherese Amalia Nollemberg, conosciuta in casa Gioli dove faceva la bambinaia. Una relazione che fece scandalo, ma che dette al pittore, dopo alcuni anni di relativa opacità, un nuovo scatto vitale e gli fece risolvere una crisi che certamente gli derivava dalle mutate condizioni culturali, sociali e umane dell'Italia unificata.

Il mutare del gusto imponeva o affinità alle mode o isolamenti totali. Fattori, che aveva sempre avuto una completa autonomia di stile e perfino di metodo lavorativo, avvertì profondamente la fine dell'etica macchiaiola, e soprattutto la necessità di trasformazione di quel rigorismo formale che dai primi anni di Livorno aveva internamente svolto sino alla perfetta e visionaria identificazione tra strutture metriche, piani di luce e intensità "attiva" dei medesimi che è palese ne i *Barrocci romani* e soprattutto in *In vedetta*. Dai *Cavalli al pascolo in Maremma* o dalla *Rotonda di Palmieri* a questi due quadri si svolge uno dei percorsi più logici e depurati di tutta la pittura ottocentesca.

Un piccolo capolavoro dipinto all'inizio di questi anni, *Orti al sole di primavera*, segna anch'esso l'oscillazione di un'inquietudine che sembra far trasparire una logica mutazione in un più maturo rapporto con la realtà; quella "realtà" che per Fattori, come per Courbet, esiste in quanto si conosce come forma. I quadri che segnano l'approfondimento di questo rapporto sono quelli eseguiti a cavallo degli anni Ottanta: *Mercato a San Godenzo*,

Lo scoppio del Cassone, Lo staffato. In quest'ultima, famosissima opera, decisamente sgradevole, il pittore definisce come motivo fondamentale del racconto non il gruppo protagonista, ma il "momento" della visione in cui esso si determina. Lo stradone segnato dai paracarri a fil d'occhio ha con lo spettatore un'impatto motorio da sequenza cinematografica; un'emozione consona ma di ritmo mutato fa sì che l'inquadratura non sia più la conclusione necessaria e il risultato del calcolo armonico, ma acquisti la nuova funzione di stabilire il "tempo" dell'immagine. Un altro quadro fondamentale in questo senso è *Aratura*, una grande e genialissima tela nella quale l'immagine si pone direttamente nell'occhio dello spettatore, con un'immissione così rapida da creare una sensazione di movimento.

In opere come queste, il pittore definisce un nuovo rapporto spaziotemporale della visione che sarà basilare nella cultura pittorica italiana a cavallo del secolo, vanificando poi in un soffio la retorica agreste dei suoi giovani amici tardonaturalisti. La profonda drammaticità del soggetto si identifica con lo scatto visivo che la sottende: il vedere è veramente divenuto coscienza.

Questa rinata vitalità fattoriana comporterà anche la sperimentazione di nuove tecniche (l'acquaforte). Fattori diviene da questi anni in poi uno sperimentatore di linguaggio nel senso più moderno del termine. Ciò non esclude che un procedere di tal sorta determini spesso episodi secondari o addirittura generici di un dipingere e disegnare che è un'operazione giornaliera.

Ricorda Emilio Cecchi: «... Incamminato all'Accademia, o di ritorno alla buia casupola di Via de' Servi si incontrava il vecchio professore con la sua andatura tentennante e di continuo soffermata, perché egli osservava e studiava, camminando, ed ogni due passi aveva da mettere qualche segno in un taccuino poco più grande del palmo di una mano. La gente che gli passava accanto lo preveniva con uno sguardo ridente, quasi ad incontrare un giudizio di bonaria e popolaresca ironia per quel suo perpetuo lambiccarsi col lapis intorno alle carogne delle vetture di piazza e ai gagliardi muli dei barrocci campagnoli...». La pratica del taccuino era sempre stata per Fattori un tramite primario di "conoscenza per segno", come l'abbozzo o la tavoletta breve; sia l'una che le altre, soprattutto in questi ultimi decenni, proprio per il mutarsi del suo rapporto con la realtà, spesso si dimostrano insufficienti a contenere perfino un piccolo procedimento di struttura. Anche per questo Fattori tentò la

Il dipinto fu esposto
a Venezia nel 1887,
insieme con
*La marcatura
dei puledri*
e il *Salto
delle pecore*.
La rappresentazione
di momenti di vita
maremmana
caratterizza
la sua ultima
produzione,
a partire
dal 1882,
anno del primo
soggiorno
del pittore
nella tenuta
del principe Corsini,
"La Marsiliana",
nel Grossetano.

tecnica dell'acquaforte, nella quale a Firenze si era cimentato solamente Signorini, desideroso anche in ciò di misurarsi con i francesi.

Fattori è grandissimo incisore, ma se ne può diminuire la grandezza se non si guardano le sue lastre in relazione ai quadri coevi e non si nota come esse rappresentino spesso, rispetto alle tele, addirittura episodi di fruttuosa incertezza. Divenuto per lui arduo o quasi impossibile concentrare sulla tavoletta una sintassi e una grammatica fattasi troppo complessa, l'eliminazione del pennello (più che del colore) per l'adozione di un segno di variatissima coloratura e di rapido scatto consente ancora la riduzione dell'immagine a quel formato piccolo che anche in questi anni è da lui sentito come metro primario.

In questo procedimento Fattori ritrova un nuovo equilibrio di partiture. Una tavoletta come *Coppia di buoi* della Collezione Jucker o i famosi *Cavalli al sole*, ambedue databili verso gli inizi degli anni Ottanta, sono già costruiti con una sintassi scorciata e accentrativa, misurata per balzi e improvvisi cambiamenti.

Nel 1882 Fattori si reca per un breve periodo in Maremma, ospite nella tenuta "La Marsiliana" del marchese Corsini. A contatto con una natura così consona al suo temperamento e con una realtà sociale ricca di accenti primevi, la sua vena narrativa si arricchisce di temi che rimarranno presenti nella sua opera fino agli estremi anni della vecchiaia. Non esegue in quei pochi giorni che qualche disegno e due appunti dal vero. Essi serviranno, cinque anni dopo, alla stesura di alcune grandi tele: *La marcatura dei puledri*, *Il salto delle pecore*, *Riposo* e, in un tempo successivo, *La marcatura dei torelli*. La capacità di attrarre lo spettatore dentro la dimensione scorciata dell'immagine è divenuta quasi tangibile e si avvalora in una partitura cromatica semplificata per non disperdere l'intensità di questo interno ritmo naturale.

In questi stessi anni tra il 1885 e il 1890, una serie di bellissimi ritratti nasce direttamente da queste premesse. La "classicità" presente nel *Ritratto della prima moglie* e soprattutto nel *Ritratto della cugina Argia* è ormai superata. Il nuovo taglio della figura predilige spesso il "piano americano", imponendo il modello in una presenza interna al tempo di svolgimento; pur nella saldezza a volte rude dei tagli, si avverte infatti esattamente il peso della qualità energetica e psicologica del personaggio rappresentato. Non è l'alta contemplazione formale dei coevi ritratti di Lega né la precarietà fotogrammatica di quelli di Signorini: il ritratto che ora definisce Fattori è un inedito primo piano nel quale una verità emotiva e una presenza fisica quasi brutale riescono a divenire realtà colloquiali.

Ma i capolavori di questa particolare attività fattoriana, oltre *Ritratto di bersagliere* e *Buttero*, sono i tre celeberrimi ritratti familiari: *La figliastra*, *La seconda moglie* e l'*Autoritratto* della collezione Giustiniani.

Della prima opera si è molto parlato: essa è certamente un "unicum" nell'attività fattoriana, anche per il peso particolare della materia pittorica che si raffina o si raddensa con una qualità quasi sontuosa. Anche qui, come nei coevi quadri a soggetto, il tempo entra nella struttura, rattiene e scagliona gli andamenti, stabilisce l'inquietante realtà dell'immagine.

Il successivo *La seconda moglie*, chiuso in un colore quasi monocromo acceso solo dal rosso del ventaglio, è una vera iperbole formale in crescendo verso la posa della testa carica di una quotidianità quasi sgradevole ma di trasalimento affettivo: una capacità di aderire ai moti umani (anche fisici) del soggetto che nell'*Autoritratto* del 1894 diverrà vera e propria autoscopia.

Quest'immagine di uomo probo, ferma nello sguardo ombrato sotto la falda del cappelluccio, ha la forza storica di riproporre esatta la sua discendenza formale "fiorentina" e di rinnovarla in un

Giovanni Fattori,
Lungomare ad Antignano
(1894).
Livorno, Museo
civico Fattori.

contesto strutturale nuovissimo: uno spazio in cui si articola la sua vita e la sua misura interiore, scattante e definito nello scontrarsi dei piani dietro la cadenza leggermente allentata del busto chiuso a tirante da quel solo bottone della giacca.

Quest'opera fu dipinta da Fattori in un'epoca nella quale la critica gli ha concesso solamente (o quasi) una supremazia di incisore. È evidente che la misurata eppur drammatica elegia di partiture presente in una lastra superba come *Due bovi* scioglie l'iperbole formale in un assonante respiro di contemplazione panica; le fasce della terra e del cielo contengono come un ventre materno la posa degli animali e dell'uomo, come nella coeva *Campagna romana*, in cui il pagliaio ritaglia la sua stereometria quasi per una necessità fisica di adesione alla materia delle cose.

Di questa reale "identificazione" con la natura sono intrisi i capolavori di questi ultimi anni di attività: *Giornata grigia* (fondamentale per la comprensione dell'opera di Oscar Ghiglia e di Lorenzo Viani) e *Lungomare di Antignano*, forse il più bello dei suoi tardi paesaggi livornesi.

Ma quest'ultimo decennio fattoriano, così ricco di alti raggiungimenti, non è per niente segnato da involuzioni fisiche o caratteriali. Fattori, rimasto vedovo e risposato, è al centro di una attivissima schiera di giovani pittori che, direttamente o attraverso il prediletto e mediocre allievo Micheli (loro maestro), sentono la presenza del vecchio pittore come fatto attivo. Non sono gli allievi fiorentini o infiorentinati (Nomellini, Muller, Cappiello e altri) che pochi anni prima, in una loro "secessione" antinaturalista e "filoimpressionista", avevano fatto arrabbiare il vecchio maestro che vedeva in pericolo nella loro opera la sua idea da poco rinnovata del rapporto tra linea e struttura. Sono invece gli allievi di una nuovissima generazione che ha scavalcato direttamente nei primi anni le crisi illustrative del tardo naturalismo e che ritorna a Fattori recuperando il senso stereometrico della natura conosciuta per forma: Lorenzo Viani e la coppia degli "inseparabili", Oscar Ghiglia e Amedeo Modigliani.

Il Novecento è ormai cominciato.

È uno dei paesaggi livornesi degli ultimi anni di attività di Fattori, anni in cui fu maestro di una nuova generazione di artisti che avrebbero operato nel Novecento: Lorenzo Viani, Oscar Ghiglia e Amedeo Modigliani.

GIUSEPPE ABBATI (Napoli, 1836 - Firenze, 1868): iniziò a dipingere sotto la guida del padre, Vincenzo, e proseguì gli studi nell'ambiente accademico veneziano con Grigoletti e Bagnara. Dopo un soggiorno napoletano accanto a Palizzi e Morelli (1856-1860) e la militanza garibaldina, fu introdotto a Firenze nell'ambiente dei macchiaioli da Serafino De Tivoli nel 1860-1861.

CRISTIANO BANTI (Santa Croce sull'Arno, Pisa, 1824 - Montemurlo, Firenze, 1904): fu allievo di Nenci all'Accademia di Siena e fu in contatto con i frequentatori del Caffè Michelangiolo a partire dal 1855; la sua produzione macchiaiola iniziò verso il 1860. Legato da grande amicizia a Borrani e Signorini, fece con quest'ultimo numerosi viaggi in Europa. Alcuni suoi dipinti, caratterizzati dalle figure di contadinelle, preludono agli esiti della pittura post-macchiaiola.

GIOVANNI BOLDINI (Ferrara, 1842 - Parigi, 1931): dopo i primi insegnamenti del padre, Antonio, e dei Domenichini, frequentò all'Accademia di Firenze i corsi di Ussi e Pollastrini e, amico di Banti e Signorini, si accostò al gruppo dei macchiaioli. Durante il periodo macchiaiolo (1864-1870) si definì la sua predilezione per il ritratto. Si stabilì a Parigi nel 1871, abbandonando la ricerca macchiaiola e iniziando a dipingere scorci urbani e figure di costume. Nel 1880-1905 dipinse quei ritratti e soggetti in movimento che costituiscono la sua particolarità, e dopo il 1905 il suo stile fu caratterizzato dalla pennellata sciabolante e da un grande senso del movimento.

ODOARDO BORRANI (Pisa, 1832 - Firenze, 1905): fu allievo di Pollastrini all'Accademia di Firenze, orientato inizialmente verso una pittura di storia con forti rimandi al Quattrocento fiorentino. Nel 1853 conobbe Signorini e, dipingendo con questi e Cabianca dal vero, si orientò verso la ricerca macchiaiola. Dopo i periodi di Piagentina e Castiglioncello, si avvicinò alla poetica di Silvestro Lega;

dal 1876 il suo macchiaiolismo divenne sempre più descrittivo.

VINCENZO CABIANCA (Verona, 1827 - Roma, 1902): iniziò a dipingere sotto il Caliari a Verona e poi ricevette gli insegnamenti di Lipparini e Grigoletti all'Accademia di Venezia. Pur essendo a stretto contatto con Signorini e Borrani dal 1853, anno in cui si trasferì a Firenze, dipinse fino al 1855 interni di derivazione induniana. Solo dal 1858 aderì completamente alla poetica macchiaiola. Nel 1870 si trasferì a Roma e si legò a Nino Costa, e dal 1880 scivolò verso una pittura di genere.

ADRIANO CECIONI (Fontebuona, Firenze, 1836 - Firenze, 1886): proveniente dall'Accademia fiorentina, appartenne al gruppo storico dei macchiaioli. Durante un soggiorno a Portici, dal 1863 al 1867, fondò la Scuola di Resina con De Gregorio, De Nittis e Rossano. L'intento del gruppo fu quello di integrare le istanze macchiaiole con il naturalismo della scuola napoletana. Tornato a Firenze nel 1867, si legò definitivamente ai macchiaioli, divenendone il teorico e il primo storico.

NINO COSTA (Roma, 1826 - Marina di Pisa, 1903): dopo aver frequentato il Durandini e il Camuccini, ricevette all'Accademia gli insegnamenti di Coghetti, Massabò e Podesti. Dipinse dal 1850 al 1859 paesaggi della campagna romana e fu a contatto con i pittori stranieri che vivevano a Roma. Dal 1859 in rapporto con i macchiaioli, ne condivise le istanze fino al 1870. Dopo i soggiorni londinesi presso F. Leighton e la frequentazione di Ruskin, tornato a Roma nel 1870, si orientò verso una pittura purista di matrice preraffaellita, fondando nel 1878 il Golden Club, che trasformò in Scuola Etrusca nel 1883 e nel gruppo "In Arte Libertas" (1885). Negli ultimi anni si orientò verso una poetica simbolista e neorinascimentale.

VITO D'ANCONA (Pesaro, 1825 - Firenze, 1884): fu allievo del Bezzuoli all'Accademia di Firenze, con una visione e un'impostazione classiche, che non mutarono neppure dopo i primi rapporti con i macchiaioli. Alla poetica del gruppo aderì gradatamente, soprattutto in alcuni studi di paesaggio, immagini di interni, ritratti. Nel 1867 andò a Parigi, dove rimase per circa sette anni, frequentando gli artisti francesi e gli italiani lì presenti (Boldini, De Nittis, De Tivoli), orientandosi verso quella pittura di rigore classico che aveva segnato i suoi esordi.

GIUSEPPE DE NITTIS (Barletta, Bari, 1846 - Saint-Germain-en-Laye, Parigi, 1884): dopo aver frequentato l'ambiente accademico napoletano (fu espulso dall'Accademia per indisciplina nel 1863), aderì alla Scuola di Resina, dominata dalla figura di Adriano Cecioni, che lo mise in contatto con i macchiaioli fiorentini fin dal 1866. Nel 1867 si recò a Parigi, dove dipinse scene settecentesche, e dal 1870 si riavvicinò al naturalismo della Scuola di Resina. Dal 1872 si impose in ambiente francese e inglese per le scene di vita cittadina e le eleganti immagini femminili e si avvicinò, attraverso Corot, alla ricerca impressionista.

SERAFINO DE TIVOLI (Livorno, 1826 - Firenze, 1892): dopo aver aderito alle ricerche dal vero della Scuola di Staggia (1852-1855) e dopo un soggiorno a Parigi e Londra, aderì alla pittura macchiaiola, anche se si rivelò sempre in bilico tra un'immagine dominata dal tonalismo alla Barbizon e la violenza dei rapporti cromatici del realismo toscano. Nell'ultimo periodo parigino (1873-1890) si avverte dominante l'influenza di De Nittis.

GIOVANNI FATTORI (Livorno, 1825 - Firenze, 1908): frequentò la Scuola libera del Nudo all'Accademia di Firenze, ricevendo l'insegnamento del Bezzuoli e dal 1850 fu uno dei frequentatori più assidui del Caffè Michelangiolo. Inizialmente convinto della lezione accademica romantica (impostata sugli insegnamenti di Benedetto Servolini e Tommaso Gazzarrini), divenne fin dal 1859 il più importante pittore macchiaiolo, introdotto alla poetica del gruppo da Nino Costa e Diego Martelli, anche se nella sua pittura dei primi anni risultano ancora evidenti i rimandi al Quattrocento fiorentino; mentre, dal 1865, l'adesione alla "macchia" divenne totale nei dipinti di tipico soggetto fattoriano: soldati e cavalli, battaglie risorgimentali, scene di vita militare, scorci di paesaggio maremmano con mandrie di buoi, figure di contadine.

SILVESTRO LEGA (Modigliana, Forlì, 1826 - Firenze, 1895): dopo aver frequentato l'Accademia di Firenze (allievo di Pollastrini e Mussini) e dopo un periodo in cui dipinse soggetti storici e ritratti d'impianto romantico-purista, aderì alle istanze macchiaiole nel 1860. La poetica macchiaiola è evidente soprattutto nei dipinti con paesaggi, mentre in un primo tempo le immagini con scene di vita quotidiana mantennero elementi riconducibili all'educazione purista. Fu nel periodo di Bellariva che anche questi soggetti iniziarono a essere trattati secondo i dettami estetici macchiaioli, giungendo a un rigorismo che, esaltando la dimensione cromatica, rese quasi astratta la figura. Non ebbe grande riscontro mentre era in vita e condusse un'esistenza travagliata e misera, in cui fu fondamentale l'aiuto di alcune famiglie che lo sostennero e ospitarono, come i Batelli, i Bandini, i Tommasi.

ANTONIO PUCCINELLI (Castelfranco di Sotto, Pisa, 1822 - Firenze, 1897): dopo aver frequentato l'Accademia di Firenze sotto il Bezzuoli, soggiornò a Roma nel 1849-1850, dove frequentò lo studio di Minardi. Fin dal 1852 dipinse scene di vita quotidiana improntate a un verismo tale che possono considerarsi pitture anticipatrici del macchiaiolismo. Partecipò alle riunioni del Caffè Michelangiolo ma, fedele a un ideale purista, rivelò l'influsso delle istanze macchiaiole solo in certi paesaggi anteriori al 1861 e in alcuni dipinti posteriori al 1875, che rivelano assonanze con il Lega tardo.

RAFFAELLO SERNESI (Firenze, 1838 - Bolzano, 1866): se la frequentazione ai corsi dell'Accademia fu saltuaria (1856-1859), assidue furono invece la visione e lo studio diretto dei capolavori di Masaccio e degli artisti del Quattrocento fiorentino agli Uffizi. Inizialmente fu fortemente influenzato dagli insegnamenti del Ciseri, ma fin dall'inizio i suoi ritratti presentavano un'essenzializzazione del disegno e del colore che costituì il logico antecedente della sua scelta macchiaiola. Se all'inizio si avvicinò alle soluzioni del primo Signorini e di Cabianca, poi, dal 1862, fu più forte l'influenza di Borrani, con cui lavorò nel territorio pistoiese, raggiungendo la

piena maturità nei dipinti realizzati dal 1863, durante un soggiorno nella tenuta di Diego Martelli a Castiglioncello.

TELEMACO SIGNORINI (Firenze, 1835 - 1901): dopo aver frequentato la Scuola libera del Nudo all'Accademia fiorentina, e dopo aver dipinto dal vero per oltre un anno con Borrani, fu frequentatore del Caffè Michelangiolo. Fu il primo a illustrare le novità espressive della macchia, e fu con Cecioni il teorico, pubblicista e divulgatore delle istanze macchiaiole. A questo va aggiunto l'interesse e il confronto continuamente sostenuto con la contemporanea pittura europea, che conobbe attraverso continui viaggi di studio. Dopo l'esperienza garibaldina del 1859, iniziò il periodo di maggiore intransigenza macchiaiola, affiancato da Banti e Cabianca, durante un soggiorno in Liguria. Nel 1861 fu a Parigi, dove vide le opere dei Barbizonniers, conobbe Troyon e Corot e si entusiasmò per Courbet. Nel 1862, ospite con Lega e Borrani di Diego Martelli a Castiglioncello, diede vita alla Scuola di Piagentina. Tornò a Parigi nel 1862, nel 1868 e nel 1870, ospite di De Nitti, con cui si recò a Londra. Nel 1871-1872 fu a Roma e tra il 1873 e il 1881 numerosi furono i suoi soggiorni in Francia, Svizzera e Inghilterra. La conoscenza di Manet e Degas lo orientò verso ricerche di tipo impressionista, che abbandonò nell'ultimo periodo per un ritorno totale alla "macchia".

FEDERICO ZANDOMENEGHI (Venezia, 1841 - Parigi, 1917): mentre frequenta l'Accademia a Venezia, abbandona la città nel 1859 per sfuggire alla coscrizione austriaca e raggiunge Pavia. Partecipa alla spedizione dei Mille e, al ritorno dalla Sicilia, si ferma a Firenze. Tornato a Venezia nel 1862, è arrestato dagli austriaci. Riesce a evadere e a tornare a Firenze, dove si lega d'amicizia con Cabianca e Diego Martelli e dipinge opere di chiara matrice macchiaiola. Nel 1874 parte per Parigi ed espone alle mostre impressioniste del 1879, del 1880, del 1881 e del 1886.

QUADRO CRONOLOGICO

AVVENIMENTI STORICI		AVVENIMENTI ARTISTICI
Congresso di Parigi: Cavour riesce, in una seduta suppletiva, a richiamare l'attenzione delle potenze sul problema italiano. Iniziano i lavori per il canale di Suez.	1856	Si forma a Firenze il gruppo storico dei macchiaioli, al Caffè Michelangiolo, punto di ritrovo di Borrani, D'Ancona, Signorini. Abbati lavora a Napoli accanto a Palizzi e Morelli. Il principe Demidoff apre al pubblico le sue raccolte della villa di Pratolino, dove sono rappresentati i maggiori artisti contemporanei francesi.
È fondata la Società Nazionale da Manin a Pallavicino, con l'adesione di Garibaldi, la segreteria di La Farina (ex mazziniano) e l'appoggio segreto di Cavour. Fallito tentativo mazziniano del napoletano Carlo Pisacane, caduto nella spedizione di Sapri.	1857	
Attentato di Felice Orsini contro Napoleone III, sfruttato da Cavour per indurre l'imperatore a un'alleanza franco-piemontese in vista di una soluzione militare del problema italiano. Il 21 luglio avviene il convegno segreto di Plombières, in cui Napoleone III si impegna a un'alleanza franco-piemontese in caso di aggressione austriaca.	1858	Signorini e Cabianca si recano a La Spezia, dove dipingono dal vero. Di questo momento è il bozzetto di Signorini *Il merciaio della Spezia*.
Nel ricevimento di Capodanno al corpo diplomatico, Napoleone III annuncia all'ambasciatore austriaco l'imminente stato di guerra. Il 10 gennaio Vittorio Emanuele pronuncia in Parlamento il discorso del «grido di dolore»; avviene la mobilitazione dell'esercito piemontese e accorrono volontari da tutta Italia. Il generale austriaco Giulay tenta di prevenire l'arrivo dei francesi, ma viene fermato dall'allagamento del Vercellese e della Lomellina. Il 20 maggio avviene la vittoria dei franco-piemontesi a Montebello. Il 23 maggio Garibaldi con i volontari "Cacciatori delle Alpi" varca il Ticino a Sesto Calende. Battaglia di Varese e di San Fermo. Vittoria dei piemontesi a Palestro nei giorni 30-31 maggio. Il 4 giugno i franco-piemontesi, varcato il Ticino a Boffalora, battono gli austriaci nella battaglia di Magenta. L'8 giugno Vittorio Emanuele II e Napoleone III entrano a Milano. Il 23 e 24 giugno avviene la battaglia di San Martino e Solferino che si conclude con la ritirata austriaca. L'11 luglio avviene il convegno di Villafranca. I due imperatori stipulano l'armistizio. Cessione della Lombardia fino al Mincio alla Francia perché la consegni a Vittorio Emanuele II. Dimissioni di Cavour. Il 10 novembre avviene la pace di Zurigo, in cui viene redatta la clausola della restaurazione dei legittimi sovrani nell'Italia centrale. A Firenze il 27 aprile avviene una grande manifestazione popolare guidata dal mazziniano Giuseppe Dolfi, che convince il granduca ad abbandonare la città. Governo provvisorio di Bettino Ricasoli.	1859	Signorini dipinge *Alt di granatieri toscani a Calcinato*, che espone con *L'artiglieria toscana a Montechiari* alla Promotrice. Fattori vince il concorso bandito dal governo provvisorio con il dipinto *Il campo italiano dopo la battaglia di Magenta* e dipinge *I soldati francesi del '59*, sotto l'entusiasmo dell'arrivo a Firenze delle truppe di Gerolamo Napoleone. Giunge a Firenze da Roma Nino Costa.

AVVENIMENTI STORICI		AVVENIMENTI ARTISTICI
Il 21 gennaio ritorna al potere Cavour. Indice i plebisciti in Emilia e in Toscana, che votano l'annessione al Piemonte. In maggio avviene la spedizione dei Mille: il 13 maggio Garibaldi, con il proclama di Salemi, assume la dittatura dell'isola in nome di Vittorio Emanuele II. Il 7 settembre entra a Napoli. L'8 novembre avviene l'incontro di Teano.	1860	Signorini dipinge *La cacciata degli austriaci dalla borgata di Solferino*. Fattori si reca a Livorno dove dipinge la *Cugina Argia*. È con lui Nino Costa, che dipinge paesaggi della campagna livornese. Abbati, dopo la militanza garibaldina, va a Firenze.
Il 17 marzo il Parlamento torinese proclama Vittorio Emanuele II re d'Italia «per grazia di Dio e volontà della Nazione». Il 27 marzo Roma viene proclamata capitale del Regno d'Italia. Il 6 giugno muore Cavour.	1861	Signorini espone alla Promotrice di Torino *Il ghetto di Venezia*, che suscita scandalo (dipinto perduto). Insieme con Banti e Cabianca va in Liguria, dove dipinge *Le pescivendole a Lerici*. Testimonia questo periodo anche il dipinto di Cabianca *Gli avanzi della chiesa di San Pietro a Portovenere*. In questo anno i tre artisti vanno a Parigi, dove espongono al Salon anche Corot e Breton. Signorini, Abbati e Michele Tedesco, un giovane pittore napoletano, soggiornano nella tenuta di Diego Martelli presso Castiglioncello. Ben presto iniziano qui i loro soggiorni anche Borrani e Sernesi. Si avvicina alle istanze macchiaiole Vito D'Ancona, che dipinge in questo anno *Il portico* e *La signora con l'ombrellino*. Sernesi e Borrani soggiornano insieme a San Marcello Pistoiese. È di quest'anno l'adesione alla "macchia" di Silvestro Lega, evidente nel *Trittico di Milano*. Di questo periodo è il legame dell'artista con la famiglia Batelli che lo ospita a Piagentina. Nasce la Scuola di Piagentina, con l'adesione di Signorini che abitava nella zona.
Questione romana. Garibaldi inizia da Palermo una spedizione per liberare Roma. Il 29 agosto avviene lo scontro dell'Aspromonte.	1862	Il gruppo della Scuola di Piagentina si allarga: sulle rive dell'Affrico vanno a dipingere anche Borrani, Abbati e Sernesi. Signorini va di nuovo a Parigi.
	1863	Borrani dipinge il suo capolavoro, *Cucitrici di camicie rosse*. Adriano Cecioni va a Napoli, dove fonda la Scuola di Resina a cui aderisce anche De Nittis, espulso in questo anno dall'Accademia. A Parigi si apre il Salon des Refusés, voluto da Napoleone III con un annuncio sul *Moniteur*, in seguito alle proteste per le esclusioni dalla mostra ufficiale. Vi partecipano tra gli altri Manet, Pissarro, Jongkind, Whistler. Manet espone *Le déjeuner sur l'herbe*. Ingres dipinge *Il bagno turco*.
Il ministro Minghetti sottoscrive la Convenzione di settembre, in cui viene deciso il ritiro delle truppe francesi da Roma. Trasferimento della capitale da Torino a Firenze.	1864	
	1865	Fattori dipinge tre grandi tele: *Acquaiole livornesi*, *Le macchiaiole* e *Costumi livornesi*. Signorini dipinge *La sala delle agitate nel manicomio di San Bonifacio*.

AVVENIMENTI STORICI		AVVENIMENTI ARTISTICI
Alleanza italo-prussiana contro l'Austria. Il 19 giugno dichiarazione di guerra all'Austria. Il 29 giugno avviene la sconfitta di Lamarmora a Custoza. Il 29 luglio battaglia navale a Lissa perduta dagli italiani. Il 12 agosto avviene l'armistizio di Cormons. Garibaldi, vittorioso a Bezzecca, è costretto a evacuare il Trentino. Il 3 ottobre avviene la pace di Vienna: il Veneto, ceduto a Napoleone III, è da questi consegnato all'Italia dopo un plebiscito.	1866	Muore a Bolzano Raffaello Sernesi in seguito a una ferita riportata nella campagna garibaldina. Torna a Firenze Cecioni dopo il soggiorno a Napoli.
Garibaldi, fermato a Sinalunga, viene rinviato a Caprera, mentre suo figlio Menotti avanza su Roma. Il 22 ottobre avviene uno scontro tra i volontari e i pontifici a Villa Glori. Il 3 novembre avviene la sconfitta a Mentana delle "camicie rosse".	1867	Iniziano in questo anno i soggiorni a Castiglioncello presso Diego Martelli di Fattori, Abbati, Borrani. Lega dipinge tra il 1867 e il 1869 alcuni suoi capolavori: *Il canto dello stornello*, *La visita* e *Il pergolato*. Boldini espone per la prima volta a Firenze: presenta alla Promotrice alcuni piccoli ritratti. Giunge da Napoli De Nittis, che espone *Nevicata* e *Diligenza in tempo di pioggia*. Vito D'Ancona va a Parigi, dove rimane per sette anni. François Millet espone a Parigi l'*Angelus*, un dipinto realizzato tra il 1858 e il 1859: ha grande successo e viene immediatamente riprodotto. Al Café Guerbois iniziano gli incontri degli artisti che daranno vita alla ricerca impressionista.
	1868	Muore a Firenze Giuseppe Abbati. Fattori inizia a dipingere *In vedetta*. Signorini va a Parigi.
Il 20 settembre le truppe italiane entrano a Roma attraverso la breccia di Porta Pia.	1870	Signorini espone alla Promotrice *Nevicata* e si reca a Parigi, dove è ospite di De Nittis, con cui va anche a Londra. Cabianca si trasferisce a Roma, dove trova Nino Costa.
	1874	Si realizza la I mostra degli impressionisti nello studio del fotografo Nadar. È esposto un quadro di Monet, *Impression soleil lévant*, da cui prende origine il nome del gruppo. Le figure emergenti del gruppo sono Monet, Renoir, Degas, Cézanne, Pissarro, Sisley.
	1875	Fattori è ospite a Fauglia della famiglia Gioli e si reca durante l'anno a Parigi con Francesco Gioli e Ferroni.
Iniziano i vari ministeri Depretis, che dureranno fino al 1887.	1876	
Umberto I succede al padre Vittorio Emanuele II.	1878	Lega è ospite della famiglia Gioli e dei Tommasi, che ritrae in diversi dipinti. Nino Costa fonda a Roma il Golden Club, con istanze preraffaellite.
Triplice Alleanza, avversata dalle correnti irredentiste trentine. Inizia la politica di espansione coloniale: l'Italia acquista dalla società Rubattino la base marittima di Assab.	1882	Fattori si reca in Maremma, ospite nella tenuta "La Marsiliana" del marchese Corsini. Realizza bozzetti e appunti per dipinti stesi anni dopo, fra cui *Il riposo*.

AVVENIMENTI STORICI		AVVENIMENTI ARTISTICI
	1884	Muoiono Vito D'Ancona a Firenze e Giuseppe De Nittis a Parigi. Seurat, Signac e Luce si associano con l'intento di andare oltre i risultati impressionisti, fondando il gruppo del Neoimpressionismo. Il 15 maggio si apre l'esposizione del Groupe des Artistes Indépendants in una baracca nei giardini delle Tuileries (Redon, Signac, Guillamin, Seurat). Seurat inizia a dipingere *Un dimanche d'été à la Grande Jatte*, terminato nel 1886. Auguste Rodin inizia il monumento de *Les bourgeois de Calais*.
Massacro della spedizione italiana capitanata da Bianchi: il governo italiano occupa Beilul e Massua.	1885	
	1886	Muore a Firenze Adriano Cecioni. Gauguin inizia a soggiornare in Bretagna. Van Gogh vede gli impressionisti a Parigi e diventa amico di Toulouse-Lautrec.
Ras Alula, inviato dal negus Giovanni, attacca i presidî italiani e annienta a Dogali la colonna De Cristoforis. Succede a Depretis Francesco Crispi.	1887	
Trattato di Uccialli: riconoscimento dei possessi italiani di Cheren e Asmara.	1889	
Fondazione della colonia Eritrea.	1890	
Primo ministero di Giovanni Giolitti.	1892	Muore a Firenze Serafino De Tivoli. Medardo Rosso realizza la scultura in cera *Impressione di un bambino davanti alle cucine economiche*.
Inizia la guerra d'Africa.	1894	
Menelik riporta un netto successo sugli italiani ad Amba Alagi.	1895	Muore a Firenze Silvestro Lega.
Capitolazione italiana a Macallè. Trattato di Addis Abeba con il quale l'Italia rinuncia all'Abissinia.	1896	
	1897	Muore a Firenze Antonio Puccinelli.
Rivolta di Milano, stroncata dal generale Bava Beccaris.	1898	
Il 29 luglio avviene l'attentato di Brescia: Umberto I viene ucciso e gli succede il figlio Vittorio Emanuele III.	1900	
	1901	Muore a Firenze Telemaco Signorini.
	1902	Muore a Roma Vincenzo Cabianca.
	1903	Muore a Marina di Pisa Nino Costa.
	1904	Muore a Montemurlo Cristiano Banti.
	1905	Muore a Firenze Odoardo Borrani.
	1908	Muore a Firenze Giovanni Fattori.

BIBLIOGRAFIA ESSENZIALE

Per le testimonianze dirette si rimanda agli scritti di alcuni macchiaioli: T. Signorini, *Caricaturisti e caricaturati al Caffè Michelangiolo*, Firenze 1893; idem, *Scritti d'arte*, a c. di E. Somaré, Milano 1933; A. Cecioni, *Scritti e ricordi*, a c. di U. Uzielli, Firenze 1905; idem, *Opere e scritti*, a c. di A. Boschetto, Firenze 1952; L. Vitali, *Lettere dei Macchiaioli*, Torino 1953; P. Dini, a c. di, *Diego Martelli*, Firenze 1978; idem, *Giovanni Fattori. Lettere a Diego Martelli*, Firenze 1983; idem, *Giovanni Fattori. Lettere ad Amalia Nollemberg*, Firenze 1983.

Sui macchiaioli in generale: E. Cecchi, *Pittura italiana dell'Ottocento*, Roma 1926; U. Ojetti, *I Macchiaioli toscani nella raccolta Checcucci*, Milano, 1928; P. Bucarelli, G. Carandente, *I Macchiaioli*, cat. mostra Roma 1956; M. Borgiotti, *I Macchiaioli e la scuola toscana*, Milano 1961; R. De Grada, *I Macchiaioli*, Milano 1967; F. Bellonzi, *I Macchiaioli a Palazzo Strozzi*, Firenze 1969; D. Durbé, *I Macchiaioli*, cat. mostra Firenze 1976; S. Pinto, *I Macchiaioli e la cultura del Risorgimento*, ibidem; D. Durbé, *I Macchiaioli*, Roma 1985; E. Spalletti, *Gli anni del Caffè Michelangiolo*, Roma 1985; R. Monti, *Le mutazioni della "macchia"*, Roma 1986.

Sui singoli artisti: R. Baldaccini, *Contributi alla pittura italiana dell'800: Giuseppe Abbati*, Firenze 1947; U. Matini, *Cristiano Banti e i pittori macchiaioli*, Firenze 1905; G. Matteucci, *Cristiano Banti*, Firenze 1982; P. Dini, *Giovanni Boldini*, cat. mostra Pistoia 1984; G.A. Reynolds, *Boldini and Society Portraiture 1880-1920*, cat. mostra New York 1984; E. Cecchi, *Borrani*, in *Dedalo*, VI, 1926; P. Dini, *Odoardo Borrani*, Firenze 1981; D. Durbé, *Vincenzo Cabianca*, cat. mostra Roma 1984; A. Soffici, *Ottocento pittorico: Adriano Cecioni*, in *Frontespizio*, 1940; M. Pittaluga, *Cecioni e De Nittis*, in *Scritti in onore di Lionello Venturi*, Roma 1956; N. Broude, *Adriano Cecioni*, in DBI, Roma 1979; S. Berresford, P. Nicholls, *Nino Costa e i suoi amici inglesi*, cat. mostra Milano 1982; F. A. Levi D'Ancona, *La giovinezza dei fratelli D'Ancona*; E. Piceni, *De Nittis*, Milano 1955; idem, *De Nittis*, Busto Arsizio 1982; A. Malesci, *Giovanni Fattori*, Novara 1961; L. Vinca Masini, *Fattori*, Firenze 1982; D. Durbé, *Giovanni Fattori e la scuola di Castiglioncello*, Roma, I, 1982; II, 1983; A. Malesci, a c. di, *Giovanni Fattori. L'opera incisa*, 2 voll., Milano 1983; P. Dini, *Silvestro Lega. Gli anni di Piagentina*, Torino 1984; A. Marabottini, *Lega e la Scuola di Piagentina*, Roma 1984; E. Cecchi, *Sernesi*, in *Vita Artistica*, 1927; G. Daddi, *Raffaello Sernesi*, Oggiono 1977; G. Daddi, *Signorini all'Isola d'Elba*, Firenze 1979; L. Vinca Masini, *Signorini*, Firenze 1981; R. Monti, *Signorini e il naturalismo europeo*, Roma 1984.

Telemaco Signorini,
*Sulle colline
a Settignano* (1890 ca.),
particolare.

REFERENZE FOTOGRAFICHE

Archivio IGDA, pp. 16-17, 18a, 26b, 27, 30-31, 33, 41, 59, 60.
Archivio Signorini*, p. 8.
Archivio Vitali*, p. 6, 29.
Cortesia De Luca Editore*, pp. 7, 10-11, 12, 15, 22b, 24, 25a, 43, 48, 53, 58.
Cortesia Archivio Studio d'Arte Matteucci, pp. 28, 32, 50, 51.
Cortesia Museo Civico G. Fattori, pp. 3, 63.
Cortesia Piero Dini,

pp. 13a, 19, 25b, 26a, 66.
V. Pirozzi, pp. 4, 13b, 18b, 34-35, 39.
Scala, pp. 9, 14, 20, 21, 22-23, 36-37, 40, 42, 44, 45, 47, 61.
G. Tomsich, p. 38.

* Dal libro di D. Durbé: *I Macchiaioli*, De Luca, Roma.

2a di copertina: cortesia Piero Dini.

Art e Dossier
Inserto redazionale allegato al n. 17, ottobre 1987.
Direttore responsabile: Valerio Eletti
Pubblicazione periodica
Reg. Cancell.
Trib. Firenze n. 3384 del 22-11-85.

Didascalie: quando non altrimenti indicato, l'opera fa parte di una collezione privata.

Iva assolta dall'editore a norma dell'articolo 74 lett. c - DPR 633 del 26.10.72
© 1987
Giunti Gruppo Editoriale, Firenze
Printed in Italy
Stampato presso Giunti
Industrie Grafiche S.p.A.
Stabilimento di Prato, aprile 1997
ISBN 88-09-76027-1

Fascicoli e dossier arretrati:
Servizio abbonati
Tel. (055) 6679267
Fax (055) 6679287
c.c.p. 12940508
intestato a Art e Dossier, Firenze